ROSE À LA PLAGE
LES ENFANTS DANS LA LUNE

Direction éditoriale : Stéphane Chabenat
Éditrices : Aurélie Goube et Charlotte Sperber
Mise en pages : Nord Compo
Conception de la couverture : olo.éditions

l'Etudiant éditions
est édité par les éditions de l'**Opportun**
16, rue Dupetit-Thouars
75003 Paris

www.editionsopportun.com

Anne Leguy

ROSE À LA PLAGE
LES ENFANTS DANS LA LUNE

l'Etudiant
ÉDITIONS

Sommaire

PARTIE 2
QUELQUES NOTIONS DE BASE AVANT DE VOUS LANCER

PARTIE 3
POURQUOI ET COMMENT ALLEZ-VOUS L'AIDER?

Note de l'auteure

Sur le fond

Dans cet ouvrage, vous lirez les termes « enfant lunaire », « enfant dans la lune », « enfant rêveur »... Il ne s'agit là que de conventions pour tenir le propos avec cohérence ; mais nullement d'un enfermement dans une identité. Les gens dans la lune sont très divers, bien évidemment. Ce livre a pour vocation de rassembler des points communs qui font sens et permettent de tracer des pistes d'accompagnement sympathique.

Sur la forme

La langue française engage à écrire les généralités au masculin. N'y voyez ici aucune ségrégation. Après tout, « Rose à la plage », qui inaugure ce livre et qui nous suivra tout au long de notre balade au pays des enfants dans la lune, est bel et bien une fille !

« Être dans la lune »

en anglais

Have one's head in the clouds

AVANT-PROPOS

Rose à la plage

J'étais en train d'écrire ce livre lorsque je me suis retrouvée dans un spectacle en boucle.

Assise à la buvette du club de plage qui avait été celui de mes enfants, deux décennies auparavant, je regardais avec amusement les tout-petits participer à une matinée de jeux de plage animée par une monitrice.

Une quinzaine d'enfants de 4 ou 5 ans étaient invités à courir, à ramasser des coquillages et à les trier avec précision, à faire des équipes pour voir laquelle serait la meilleure. Le souvenir de mes fils à cet endroit, la similitude des activités et des jeunes étudiants animateurs, cette vie qui se perpétue et traverse les générations, la même, juste un peu différente dans les codes, avait quelque chose d'émouvant.

C'est alors qu'en observant le groupe je remarquai une petite fille, très menue, la tignasse bouclée, constamment à l'écart. Les autres suivaient la monitrice. Elle, non.

Ils étaient là pour coopérer. Ils s'étaient assis en cercle, mais la petite fille restait hors de leur assemblée. Au début, ils avaient gentiment maintenu un espace pour lui réserver une place mais, de guerre lasse, ils avaient refermé leur groupe et bâti leur organisation sans elle. Impossible d'attirer son attention. Mademoiselle était dans sa bulle.

La clôture du cercle par les enfants – réponse collégiale et naturelle à la posture de la petite fille loin de là – fut un signal pour l'animatrice qui dut recompter ses élèves. En réorganisant leur groupe, les enfants venaient tout juste de lui signaler le problème. À l'écoute, elle avait recompté. Était-elle vraiment surprise ? Ce n'était que le premier matin du stage et elle savait déjà qu'un drôle d'électron libre, une sorte de météorite charmante, était tombé dans son champ d'action.

Repérant la petite fille excentrée, elle lui posa pour la énième fois la question : « Mais Rose, qu'est-ce que tu fais ? » Pas de réponse. Rose était le dos tourné au groupe et ne semblait rien entendre. Les enfants avaient repris leurs occupations. Le nez dans leurs seaux, ils observaient la splendeur des coquillages ramassés. Rose, elle, avait le regard perdu vers l'horizon et la mer. Elle mettait la tête en arrière pour contempler tout le bleu du ciel. L'immensité sans limites d'un ciel d'été.

On sentait bien que « ça travaillait là-haut ». Ses lèvres bougeaient sans produire de sons, mais il était clair qu'elle racontait une histoire ; qu'elle « se » racontait une histoire. De fait, elle élaborait du sens.

« Mais Rose, viens avec nous ! », lança une nouvelle fois l'animatrice.

Pas la moindre réaction de l'intéressée.

« Rose, tu m'entends ? »

Non, pas du tout. Rose était « absorbée », concentrée en elle-même et en osmose avec le paysage dont elle faisait entièrement partie.

Alors, un peu excédée, la jeune animatrice déserta son groupe pour venir chercher Rose qui ne se défendit pas du tout et obtempéra gentiment. Elles revinrent toutes deux dans le cercle. Pour avoir la paix et l'assurance de ne pas la voir se carapater à nouveau, la jeune fille installa Rose sur ses genoux et reprit le cours de son travail d'animation avec le petit groupe des enfants.

Rose, trônant en cette place unique qui la distinguait des autres, ne participa pas beaucoup plus, mais semblait enfin d'accord pour participer… un peu.

La matinée touchait à sa fin. Les parents, revenus des courses du marché, apparaissaient au bar de la plage, les paniers chargés de bonnes choses à manger : des crevettes, du poisson, des tomates et des fruits… des gâteaux locaux qui sentent bon le beurre et le chocolat sans faire concurrence aux galettes bretonnes, divinités gustatives de l'endroit. La madeleine de Proust a ses amis en presqu'île de Guérande : c'est la galette beurre salé et le palet, plus épais, plus friable, plus sublimant, aussi.

Avec tout ça, il était déjà midi. L'animatrice donna le signal de la fin de la séance et lança l'ultime exercice collectif et pédagogique : le rangement du matériel. Dociles, les enfants en file indienne rassemblèrent les seaux, les pelles, les grands élastiques et les ballons... Rose suivait la troupe, les bras ballants, ayant repris le cours de ses pensées... Cette fois, les yeux rivés sur ses pieds travaillant dans le sable. Elle semblait ancrée dans le sol.

Et pourtant, elle disparut comme par magie de mon champ de vision...

Quelques minutes plus tard, j'entendis une dame demander à l'animatrice :

«Vous n'auriez pas vu Rose, ma petite-fille?»

L'animatrice, agacée, on le comprend, de ne jamais maîtriser cet «asticot» – un peu inquiète tout de même –, rétorqua : «Mais, elle était là il y a une minute!»

On sentait partout qu'une panique collective émergeait, bien qu'encore contenue... Tout le monde raidit la nuque et chercha l'intéressée... Les minutes furent longues.

«Je l'ai trouvée! cria triomphalement un moniteur. Elle était assise derrière le casier à chaussures...» Rose réapparut, étonnée du brouhaha. Qu'avaient-ils tous à s'énerver ainsi? Sa grand-mère lui demanda où elle avait mis ses sandales.

«Je ne sais pas, Mamie... Mais regarde la mer, regarde là-bas le blanc en haut des vagues : ça s'appelle des moutons!»

Pourquoi ce livre ?

L'enfant dans la lune est un phénomène universel que l'on retrouve à toutes les époques et dans toutes les sociétés. Étonnamment, c'est avec le même vocable - être dans la lune/être dans les nuages - que se nomme cette curieuse attitude à être au monde, qu'elle soit exprimée en français, en anglais, en espagnol ou en allemand... Mais aussi en portugais ou en suédois !

Bien que les jeunes lunaires soient très nombreux, leurs particularités ne font pas l'objet d'une recherche à part entière. Cela n'est pas sans lien avec leur ontologie, leur manière d'être au monde : être là, mais pas là, pour être libre. Telle Rose disparaissant, comme par enchantement, au vu et su de tout le monde.

Souvent évoqués quand on parle de « trouble du déficit de l'attention avec ou sans hyperactivité » (TDA/H), ils sont aux antipodes de ces diagnostics, car ce sont en fait des hyperattentifs et nous constaterons combien cela complique leur quotidien (et le vôtre !). Bordant souvent la description des enfants dits précoces ou à haut potentiel (HP) par quelques aspects, ils ne s'y calquent pas totalement; généralement bons élèves, enfants placides mais sans grande appétence pour les relations humaines, ils ne sont en réalité que très rarement affligés d'un « dys » (dyscalculie, dyslexie, dysorthographie...). Pour ma part, je n'en connais aucun.

Les lunaires sont donc brinquebalés de spécialiste en spécialiste qui - tous compétents au demeurant - n'ont pas vraiment d'autres solutions à proposer que d'approcher la problématique de leur jeune patient par le biais de critères qui correspondent aux troubles que nous évoquions précédemment.

Du coup, retour à la case départ pour vous, parents, sommés tout de même par l'école de « faire quelque chose », face à cette attitude « pas normale », dérangeante, et bien souvent signalée comme « inquiétante ». L'école normée n'aime pas les individus qui n'entrent pas dans son « cadre » et entend exalter le groupe, la socialisation en toute circonstance, un lissage des grumeaux! Dans ce contexte, un lunaire est donc un souci. Et les résultats des investigations évoquées ci-dessus sont évidemment très décevants, n'apportant aucune solution véritable. Les recherches scientifiques n'ont à ce jour pas traité le sujet de l'enfant lunaire « en tant que tel ». Ces enfants présentent un paradoxe troublant : dotés d'une autonomie naturelle, ils sont pourtant patauds en société.

Voilà qui résume bien l'image des lunaires et leur curieuse présence en société : pas là pour la norme sociale du vivre ensemble, et pourtant pleinement là, autrement. Pas dans une case, mais bien à côté! *« Élève charmant, bons résultats, mais n'est pas en classe »*... D'où la grande perplexité des parents devant leur petit « phénomène », pas répertorié par la psychologie, mais bel et bien pointé du doigt par les enseignants comme de gentils fauteurs de trouble dans l'organisation collective.

Cette réalité de l'enfant dans la lune a émergé du dialogue avec les lecteurs de mon blog « Heureux à l'école » (heureuxalecole.fr) que j'ai créé en 2006... J'y traite de la nécessaire part que doivent prendre les parents dans la scolarité de leur(s) enfant(s) pour que ces derniers se sentent sécurisés dans leurs apprentissages, plus paisibles, qu'ils aient plus confiance en eux-mêmes; pour que la joie des découvertes et de la connaissance reprenne le pouvoir sur les sacro-saintes notes; pour que les différentes manières d'apprendre puissent éclore enfin et permettre à tous les enfants, surtout ceux qui ne sont pas « académiques », d'apprendre avec joie. Le sous-titre de

> Ce n'est pas une question de niveau d'études, de barrières sociales, d'argent. C'est une question de temps et de manière de regarder ses enfants grandir.

ce site web est explicite : *« Avant et après l'école, il y a la maison »*. En tant que parents, nous avons beaucoup à offrir et donner.

Le propos de mon blog est donc bien plus large que la question des lunaires. Pourtant, au fil du temps, les articles que j'ai mis en ligne consacrés aux enfants dans la lune sont devenus un rendez-vous incontournable des parents internautes auxquels je réponds... Certains, ayant coché la case « Suivre la conversation », ne manquent pas à tout nouveau commentaire/question d'autres parents perdus de revenir dans ce papotage.

J'ai ainsi reçu des dizaines de témoignages qui, ensemble, offraient une lecture éclairante de ce phénomène : il existe bel et bien des traits de caractère communs permettant de dégager un véritable portrait à partager avec vous. Des solutions, aussi !

Cet ouvrage aura atteint son but premier s'il soulage les papas et les mamans qui s'interrogent et souvent désespèrent, se sentent tous et toutes très seul(e)s face à ce défi. La première réponse est que les lunaires sont des enfants qui vont le plus souvent très bien et qu'il ne s'agit pas de « pathologiser » parce qu'ils ne se conforment pas à la norme édictée par l'école. La deuxième réponse est qu'il vous faudra retrousser un peu les manches, mais que, vraiment, les résultats seront, grâce à ce guide, au rendez-vous. Je serais ravie de savoir que ce livre aura permis à de jeunes enfants qui partent sur la lune de déployer leur présence au monde, de revenir dans la communauté, de grandir avec leur tempérament tout en s'ouvrant aux autres.

Les lunaires sont des enfants qui vont le plus souvent très bien et qu'il ne s'agit pas de « pathologiser ».

Je vous propose cette immersion dans le monde de l'enfant lunaire, dans sa famille, à l'école. Je sais d'avance que vous ferez des « Oh ! » et des « Ah ! » en découvrant le portrait que je dresse de ces enfants. J'irai pourtant au-delà d'une présentation. À partir de ce que nous allons mettre à plat et découvrir ensemble, j'ouvrirai des pistes, je vous donnerai des astuces pour aider votre enfant à être - un peu - mieux avec les autres et le quotidien du réel, sans pour autant abîmer son grand potentiel de créativité. C'est essentiel. Vous verrez pourquoi.

Avant de commencer notre exploration de cette planète, je vous dois une confidence : si j'ai écrit dans mon blog des articles sur le sujet, si j'ai vite repéré Rose à son club de plage, c'est aussi parce que je l'ai moi-même vécu.

Pour ma part, j'ai été une enfant très fortement lunaire. À l'adolescence, en l'absence de documentation, je me suis auto-éduquée à «être là», à faire attention, à m'imposer des règles «pas à pas». Certaines méritent d'être dans ce livre pour leur efficacité. Elles s'accompagneront cependant de réserves, d'alertes.

En effet, avec le recul des années, je considère que j'ai sans doute été trop rude envers moi-même et que j'ai cassé dans cette tension à revenir dans la norme une forte créativité dans les arts plastiques, le dessin, l'écriture. Par ce livre, je souhaite donc vous proposer des pistes pour conduire un changement, tout en préservant ces magnifiques potentiels créatifs qui caractérisent les enfants lunaires.

Il me reste enfin à espérer voir un jour la communauté scientifique, les collèges de psychologie, s'emparer (gentiment) de ce sujet pour mieux comprendre et mieux aider ces enfants magnifiques et charmants. Les jeunes (et moins jeunes) lunaires sont bien là auprès de nous, dans toutes les sociétés, «perchés» parmi leurs semblables et souvent heureux de l'être. Nous devons même beaucoup à bon nombre d'entre eux à travers le temps. Ils furent chercheurs, poètes, ingénieurs, conteurs, designers, ou encore *startupers*...

Ce livre est un premier pas, un terrain où je dépose de jeunes pousses d'idées. À la maison, à l'école, dans les laboratoires, au cœur de la formation des enseignants, je souhaite qu'enfin cette réalité soit reconnue comme un talent, une levure, plus qu'une difficulté.

Parce qu'être dans la lune,
c'est en fait être dépositaire
d'un trésor fragile,
mais d'un trésor tout de même.

PARTIE 1

RENCONTRE AVEC UNE EXOPLANÈTE !

« Il faut considérer une valorisation des rêveries inavouées, des rêveries du rêveur qui fuit la société, qui prétend prendre le monde comme unique compagnon[1]*. »*

1. Gaston Bachelard, *L'Eau et les Rêves*, 1942.

*«Le moindre fait me plonge dans des rêveries sans fin.
Je m'en vais de pensée en pensée,
comme une herbe desséchée sur un fleuve, et qui descend
le courant flot à flot[2].»*

Tel le Petit Prince surgi d'ailleurs, *«à mille milles de toute Terre habitée»*, les enfants dans la lune semblent à beaucoup - vous parents, les autres adultes et les autres enfants - à la fois énigmatiques, très gentils, mais insaisissables. Bref, dans leur monde. Nous allons donc partir à leur rencontre.

Dans un premier temps, nous esquisserons un portrait général, tout en sachant qu'il n'est pas question ici d'une typologie. Juste le dessin qu'ont tracé de nombreux témoignages spontanés sur un blog et qui, ensemble, offrent un profil. Il est très vraisemblable qu'en tant que parent vous soyez étonnés de découvrir votre enfant à travers ces pages. Si elles peuvent vous accompagner en tant qu'enseignant ou accueillant, voire en tant qu'interlocuteur de la famille, c'est tant mieux.

Puis nous comprendrons comment ce sympathique énergumène parvient à être là sans être là. Puisqu'il en est capable avec beaucoup de fluidité, oscillant entre la Terre et la Lune. Et parfois, avec moins de facilité, de la Lune à la Terre.

Ensuite, sachant qu'il est improbable d'évoquer une personne sans prendre en compte le contexte dans lequel elle évolue, nous explorerons cette représentation de son environnement, cette «carte du monde» originale que bien des enfants rêveurs développent et ont souvent en partage.

Pour clore ensemble cette rencontre, nous ferons le point sur ce que vous prenez souvent en pleine figure : cette mise en demeure que vous connaissez tous. Votre enfant serait hors normes alors que vous le

2. Gustave Flaubert, *Correspondance*, 1850.

trouvez, certes, atypique, mais bien dans sa peau et pas si extravagant que cela. Ces injonctions à consulter, tester, diagnostiquer méritent que vous deveniez pilote de la situation. Pour vous, pour votre enfant. Nous passerons au crible ce que vous aurez à entendre, quand diagnostics et tests vous seront lourdement suggérés. Ils correspondent en réalité si rarement à votre *Rose à la plage* et à tous ces enfants qui planent avec une belle aisance, plutôt bons élèves, bien contentés par leur existence, mais, il est vrai, peu passionnés par leurs contemporains. Toutes ces informations nous ouvriront de nombreuses pistes pour, ensuite, accompagner au mieux ces enfants « tête en l'air » !

CHAPITRE I

UN ENFANT VRAIMENT CHARMANT !

Évidemment, il n'existe pas de lunaire type. Mais il est possible de dessiner quelques traits récurrents. Vous retrouverez sans doute ici des attitudes que vous avez déjà perçues au quotidien et qui vous laissent perplexes. Car, prises une à une, ces curieuses qualités *a priori* pleines de vertu révèlent, rassemblées en un seul petit enfant, des attitudes et une présence bien complexes à décrypter. Il ne s'agit pas de faire un éloge sans restriction des enfants lunaires. Comme tout le monde, ils ont leurs qualités et leurs défauts. Avec un vrai vécu en partage. Mais ce portrait chinois sera l'occasion de repérer ensemble un certain nombre de paradoxes communs à la plupart d'entre eux. Ce qui nous sera bien utile pour la suite.

L'enfant dans la lune… ne tombe pas du ciel

Contrairement au Petit Prince de Saint-Exupéry, l'enfant lunaire est bel et bien de ce monde. Souvent, quelques questions suffisent pour repérer que l'un de ses parents (ou de ses grands-parents) fut aussi, en son temps, un enfant « un peu perché ». Hors des considérations congénitales qui mériteraient une exploration scientifique, cela pose pour vous une question d'éducation. Si vous êtes un parent terrien, il est évident qu'il vous faudra beaucoup de patience pour saisir et comprendre la planète de votre électron libre. Si vous avez été vous-même un enfant planant, vous devrez considérer votre expérience, entre émotion de vous revoir ainsi en train de rêver et souci parental de ramener votre loulou sur la terre ferme.

Des filles et (un peu) plus de garçons ?

Faute d'études dédiées et donc d'évaluation statistique, il serait présomptueux d'avancer des proportions. Dans mes échanges avec les parents d'enfants lunaires se dessine une petite majorité de garçons. Est-ce parce que nous maintenons dans nos sociétés une exigence particulière envers les petits garçons, en matière d'actions concrètes ? Et que l'on trouve « romantique » et plus banal qu'une petite fille soit rêveuse ? Est-ce qu'en ce qui concerne l'orientation et l'avenir, les parents sont plus exigeants avec leurs fils qu'avec leurs filles ? Force est de constater que les témoignages spontanés concernent plus souvent les garçons. Mais après tout, votre première rencontre dans ce livre fut *« Rose à la plage »*. Je n'ai pas de réponse en l'état, sinon ces quelques indices que je partage avec vous. En revanche, que l'on soit lunaire fille ou lunaire garçon, les attitudes, les potentiels et les lacunes, l'accompagnement aussi, sont parfaitement identiques.

FRANCHEMENT, C'EST UNE CRÈME !

Un enfant tellement gentil !...

La première idée qui vous vient à l'esprit, c'est que votre lunaire est avant tout un enfant charmant, calme, réfléchi... et, de ce fait, un peu ailleurs. Vous l'aimez depuis tout petit pour cette poésie qu'il développe tout seul. Vous êtes plutôt bon public quand vous le voyez traverser le salon en marmonnant une histoire qu'il se raconte avec conviction. C'est quelqu'un de gentil et de très aimant. Ce qui n'aide pas à le secouer pour le ramener sur terre.

... Mais pas du tout charmeur

Quand on se balade tout seul dans ses pensées, la notion de sa propre image et l'envie de plaire à ses contemporains existent à peine.

Les contenus ont plus d'importance que les formes. Ainsi, l'enfant dans la lune cherche rarement à impressionner l'entourage avec tous ces savoirs qu'il accumule dans son coin. De la même manière, il porte peu d'intérêt à son apparence. Si un parent peut lui mettre sur une chaise ce qu'il doit porter le matin, c'est très bien comme cela ! Il a autre chose à penser !

Et en plus de ça, si poli !

La politesse et même une certaine courtoisie complètent ce côté charmant. L'enfant lunaire est éminemment civil et respectueux du savoir-vivre de sa famille. Vu ainsi, c'est un trésor. Mais acceptons de dire tout de même qu'il y a dans cette posture deux réalités contrastées. L'une très positive : dans sa bulle, désengagé des relations humaines, votre enfant, quand il interagit avec les autres, est spontanément gentil avec la personne à laquelle il s'adresse. Parfois, avec une belle dose de naïveté qui n'est pas sans risque. L'autre réalité relève plus d'une stratégie inconsciente : sa politesse lui permet de maintenir l'autre à bonne distance, en y mettant les formes ! C'est une manière d'être lisse et sans prise ! À la fois, il respecte les convenances, s'efface derrière cette attitude conforme et s'assure d'une situation optimale pour lui-même : qu'on lui fiche la paix !

Colette

« À quoi penses-tu, Bel-Gazou ?

— À rien, maman.

— C'est bien répondu. Il n'est pas mauvais que les enfants remettent de temps en temps, avec politesse, les parents à leur place. Tout temple est sacré[3]. »

ILS PARLENT LUNAIRES !

3. Colette, *La Maison de Claudine*, 1922.

Peu de « non » et pas de colère

Dans le même registre, c'est un enfant qui ne dit presque jamais « non ». Ne pas dire non ne veut pas dire « ne pas s'opposer », ce qu'il pratique avec talent, en s'échappant ailleurs, dans sa tête… Mais vous ne le voyez jamais taper du pied, exiger quelque chose, s'énerver. Pas le genre à demander la lune ! Il ne se met jamais en colère, et pour cause : c'est un champion de l'évitement, assez à distance des passions des autres pour ne pas avoir à sortir de ses gonds par passion. Il déteste le conflit en général et encore plus avec ceux qu'il aime. À l'adolescence, il y a peu de risque de voir surgir chez lui des crises et des oppositions.

Tout, sauf lunatique : c'est un grand calme

Outre que le lunaire est un grand calme, c'est aussi un petit bout d'homme très constant et cohérent (certes, dans « sa » cohérence). Surtout, c'est tout sauf un lunatique. Ce n'est pas un enfant qui, dans son instabilité, passe d'une chose à l'autre dans l'impulsion du moment, évoluant dans un zigzag permanent sans possibilité de se fixer, même un moment. En cela, nous verrons qu'il est clairement différent des enfants dits TDA/H. Ce calme est aussi dû à sa posture dans le monde : peu attiré par les autres, les contingences de la vie quotidienne et ses sources de stress sont tenus à distance. C'est toute sa stratégie profonde qui repose sur cette « éthique » !

Un enfant qui ne s'ennuie jamais

Un enfant qui s'ennuie, qui n'investit pas les objets et les jeux qui sont à sa disposition, ou bien qui souffre du manque d'un joueur, ou encore qui ne parvient pas à élaborer « une histoire » se tourne vers l'adulte : « Je m'ennuie, je ne sais pas quoi faire. » Il attend de nous de combler ce vide inquiétant. Autant dire qu'avec votre rêveur élaborateur, il est bien rare de vous retrouver dans une telle situation ! Même quand il semble désœuvré, son esprit travaille. En revanche, il se peut que vous n'assistiez pas au *Star Wars* original qu'il élabore dans sa chambre, car il risque, devant votre intrusion (qu'il juge telle), d'interrompre son processus d'invention.

Le regard suspendu, signature de son cinéma intérieur

Tous les enseignants l'expérimentent. Les lunaires en période d'évasion signent leur décollage par un regard suspendu. Leur cinéma intérieur prend le relais. S'il est capable de donner le change en restant bien assis sur son siège, son regard le trahit malgré tout.

Drôle... et pas drôle à la fois !

Tout distrait porte en soi une part involontaire de comique. Le décalage de la personne distraite avec la réalité ambiante crée des situations qui font rire les terriens que nous sommes. C'est ce burlesque dont Jean de La Bruyère, dès le XVIIe siècle, avait capté le potentiel[4]. Son personnage, Ménalque, concentre à lui seul toutes les distractions possibles. Au point que l'auteur prévient qu'il en fait trop. Cependant, l'enfant dans la lune ne peut être réduit à sa seule dimension de distrait. Ce serait beaucoup trop simplifier son caractère si riche et complexe. Mais oui, bien des parents de lunaires restent interdits devant la propension de leur petit loup, de leur petite louve à... heurter les poteaux de signalisation dans la rue, faute de vigilance dans l'espace public, à sortir en chaussons, etc. Pas toujours facile d'être le parent d'un(e) mini Mister Bean ! Les meilleures blagues sont les plus courtes. Quand la situation se répète sans cesse, cela peut vite devenir agaçant pour un parent. Là encore, pas facile de gronder. Mais ne vous en faites pas, nous trouverons ensemble de bonnes pistes en partie 3.

C'est un candide

Est-ce l'effet ou la cause ? À force d'être peu en relation avec les autres, et plus particulièrement les autres enfants, le petit lunaire appréhende mal la manière dont ces derniers interagissent. Niché dans son monde, il semble parfois découvrir avec stupeur que ses contemporains peuvent être méchants, jaloux, ne pas être sincères,

4. Jean de la Buyère, *Ménalque le distrait*, Les Caractères, 1668.

etc. Nous verrons cependant que cela ne s'applique pas avec son cercle familial, mais à sa vie en société.

Très sensible à la notion de justice

C'est un trait de caractère souvent évoqué lorsqu'on parle des enfants surdoués et/ou hypersensibles. Chez votre Candide, c'est moins la justice en soi qui lui semble sans questions, que l'injustice qu'il remarque fortement. Cela tient au fait que votre petit lunaire vous considère comme garant de sa planète et ne comprend pas du tout qu'une injustice, un dérèglement de son quotidien, puisse surgir dans sa bulle.

TÉMOIGNAGE D'UNE MAMAN INTERNAUTE

Comment aider rapidement son fils lunaire, perdu en classe et pourtant si câlin

« Je suis l'heureuse mère de trois garçons en pleine santé. Mon grand a 10 ans, son cadet, 8 ans, et leur petit frère est né 15 mois après.

Mon cadet est un enfant dans la lune. Cela fait des années qu'il s'écarte de la réalité. Je me demande ce qui l'a motivé à s'en écarter. Je pense que l'arrivée soudaine de son frère l'a très vite/trop vite fait descendre de son piédestal de petit bébé. Aujourd'hui en CE1, la maîtresse fait apparaître que ses "absences" portent préjudice à sa scolarité et, comme toute mère, je voudrais trouver une solution rapide pour qu'il ne prenne pas de retard… "Les résultats d'A. ne correspondent pas à ses capacités, il est trop dans la lune."

J'ai peur de ne pas avoir le temps de l'aider, entre mon boulot, les enfants et tout le reste… Et pourtant, il va bien falloir que je fasse quelque chose, ça ne partira pas tout seul. Il est en manque d'amis à l'école, très très "fleur bleue". Mais à part ça, très câlin, obéissant. Apparemment, ce sont des qualités qui se retrouvent chez ces enfants un peu perdus dans l'univers… »

LES RÊVERIES D'UN (PETIT) PENSEUR SOLITAIRE

La pensée comme pure satisfaction

Son bonheur, à lui, c'est la joie d'élaborer. Il a un fort potentiel de création et son plaisir s'épanouit dans son contentement mental et intellectuel. L'expérience corporelle, au sens sportif ou ludique du terme, passe au second plan. Faire ? Mais, pour quoi faire ?... Penser ? Ah ! Oui, tout le temps !

Il développe une véritable jouissance à réfléchir, concevoir, inventer des machines, s'inventer un monde - des mondes, même - où il allie la poésie et l'ingénierie. Cette clôture sur sa propre pensée et la construction d'images mentales extraordinaires pourraient laisser croire qu'il exprime là un ego quelque peu surdimensionné, qui s'émanciperait de toute relation à l'autre, sous prétexte d'un contentement individuel total. Les témoignages qui m'ont été transmis ne disent pas exactement cela : bien sûr, il y a clôture, créations virtuelles magiques. Mais, la plupart du temps, l'enfant dans la lune qui construit des machines le fait dans un but quasi altruiste de « réparation du monde » (ce réel qu'il trouve bien fade), d'apport de solutions. C'est moins chez lui l'expression d'un « comme si » (présent dans les jeux de poupées, de sujets imaginés, de situation type « jouer à la marchande ») que d'un « ça pourrait être... » magique (un mini-robot qui sait retrouver mes affaires à ma place, une capsule sous-marine pour relier Paris à New York en une heure, des « lunettes spéciales » pour lire toutes les langues sans effort...). Il faudra se souvenir de cette subtilité quand il s'agira de l'aider à changer, un peu.

Un enfant « préoccupé »

La distance qui existe entre votre enfant et la vie quotidienne vous semble être « de la Terre à la Lune ». Ce qui l'accapare, ce sont des questions qui émergent, traversent ou tournent dans son esprit. Bref, il est préoccupé et donc occupé tout court par sa vie mentale.

Une étonnante capacité de concentration

Son potentiel de concentration est parfois hors-norme quand il s'agit d'une activité qu'il a choisie. Je pointe ici la question de la motivation, celle qu'il convoque pour ses passions à lui; celle qu'il n'a pas quand les injonctions proviennent des autres (parents, enseignants, nounous...). Sa concentration relève même souvent de l'immersion! Vous en savez quelque chose si vous songez au nombre de fois où vous l'appelez avant qu'il ne vienne : il est littéralement «englouti» par la tâche du moment (lecture, dessin, combat interstellaire de deux figurines). Être dans la lune, ce n'est donc pas être dispersé, bien au contraire.

La joie extrême de penser l'inédit

Ainsi, l'enfant lunaire est un passionné de la pensée. Du tout petit enfant à l'adolescent, les scénarios inventés sont de plus en plus élaborés, complexes et aisément produits. À rêver ainsi, le lunaire excelle assez vite à produire des concepts, des objets virtuels, des créations. Cet entraînement de la pensée débouche sur une grande virtuosité à innover, à extrapoler. C'est un Rubik's cube sur pattes! Cette activité mentale intense est entièrement dédiée à la nouveauté, au neuf, à l'inédit... C'est un inventeur! En cela, ses pensées sont éphémères comme des feux d'artifice. Même plus grand, l'idée de noter «en vrai» ses pensées ne lui vient pas. C'est l'émergence, l'activation intellectuelle qui est en soi source de plaisir et de satisfaction. La routine, la reproduction provoquent chez lui une inquiétude, la peur profonde d'être «pris» au piège dans un réel besogneux et sans surprise. C'est pourquoi l'école, avec son hyper-valorisation de la reproduction, de la répétition (voire du rabâchage) et de la codification, est souvent vécue comme un carcan.

Un enfant qui esthétise le monde

C'est l'un des aspects les plus troublants : les lunaires s'extraient souvent de notre réalité commune parce qu'ils sont naturellement attirés par le spectacle du monde. C'est chez eux un contentement.

Certains diront un refuge. Ils semblent s'en nourrir et trouver une plénitude dans la contemplation d'une neige scintillante, de grandes vagues qui se brisent sur la plage, d'un gratte-ciel lumineux dans la nuit. C'est que dans cette observation qui n'a rien de passif, ils prennent appuis pour donner « leur » sens aux choses, les interpréter, les magnifier, les goûter.

Paul Valéry, écrivain
« ... Rien ne m'a plus formé, plus imprégné, mieux instruit – ou construit – que ces heures ***dérobées*** à l'étude, distraites en apparence, mais vouées dans le fond au culte inconscient de trois ou quatre déités incontestables : la mer, le ciel, le soleil[5]. »

ILS PARLENT LUNAIRES !

L'ENFANT LUNAIRE, GRAND RÊVEUR ÉVEILLÉ

Les fonctions du rêve nocturne

Les personnes qui ont la chance de se souvenir de leurs rêves entretiennent un fil d'Ariane qui joue une sorte de double boucle (un signe de l'infini ?) entre leurs existences diurne et nocturne, c'est-à-dire une certaine complétude de leur psychisme. Pour celles et ceux d'entre vous qui ont ce bonheur, vous avez l'expérience de votre « situation en rêve ». La littérature, la psychologie, la psychanalyse, et désormais les neurosciences, démontrent chacunes, à partir de l'expérience de patients aux complexions très diverses, que le sujet est « en prise avec l'action »... L'être est happé dans l'action. Parmi les fonctions des rêves, on retrouve celle de décharger le psychisme de ses tensions.

5. Paul Valéry, *Variété III, IV et V*, Gallimard, 1936 – Folio Gallimard 2002.

Un bon dormeur mais un piètre rêveur de la nuit

En corollaire de leur tempérament calme, les lunaires sont d'ordinaire des enfants bons dormeurs. En revanche, à la question : « Vous souvenez-vous de vos rêves (nocturnes) ? », la plupart des jeunes lunaires (et les adultes qui ont traversé leur enfance dans les nuages) répondent par la négative. Sans doute rêvent-ils sans en avoir l'accès ni le souvenir. Mais on peut avancer aussi qu'à rêver éveillés, à élucubrer sans cesse pendant la journée, leurs rêves nocturnes sont moins nourris d'objets mentaux. Cette question mériterait une investigation scientifique !

Quand un enfant est un rêveur éveillé

En revanche, c'est un magnifique rêveur éveillé. S'il part dans ses songes, il fait toutefois la distinction avec le réel. Il n'y a aucune confusion dans son esprit. Mais la rêverie est un espace-temps de plaisir ; comme un jardin. Ça, oui ! Notons que lorsqu'il « s'extrait », il n'est pas plus un enfant qu'un adulte. Sans doute pas tellement sexué non plus. Il est un être agissant, dans la limpidité du moment, riche de ses émergences tout comme un artiste dans la fluidité de son processus créatif. Ce qui l'intéresse est mental. Il déambule dans les images et les pensées (« ses » images, « ses » pensées) comme dans un rêve éveillé. De fait, l'enfant dans la lune n'est pas tellement persuadé d'être un enfant.

Edgar Allan Poe, écrivain
« Ceux qui rêvent éveillés ont conscience de mille choses qui échappent à ceux qui ne rêvent qu'endormis[6]. »

ILS PARLENT LUNAIRES !

6. Edgar Allan Poe, *Eleonora*, 1894.

Bien distinguer esprit rêveur et esprit vagabond

Posons ici une distinction importante. Beaucoup d'auteurs européens et anglo-saxons distinguent peu ces deux expériences bien différentes : le rêve éveillé, l'esprit rêveur versus l'esprit vagabond, voire ressasseur. Nous pensons tous « dans notre tête » (bien qu'en fait nous pensions avec tout notre corps). Il a même été démontré qu'on y passe une bonne partie de nos journées et parfois de nos nuits. Si ces deux phénomènes ont en commun de faire appel à nos capacités d'évocation, le rêve éveillé (*daydreaming)* et le ressassement (*mind-wandering*) sont cependant des expériences mentales très distinctes[7]. C'est encore plus vrai si l'on observe l'esprit rêveur de l'enfant lunaire. Celui-ci élabore, certes, mais sans inscrire cette « carte » dans un territoire. Si un adulte vous révèle avoir été un enfant lunaire et que vous lui demandez « à quoi » il rêvait ainsi, il est fort probable qu'il vous dise ne plus s'en souvenir. Sa rêverie aura été une activité légère, envahissante parfois, mais ne débouchant pas sur la création de croyances ou de convictions. Peu de mémoire profonde y semble engagée. C'est plus nuageux que cela !

Voici un tableau pour mieux saisir la distinction entre un esprit rêveur éveillé, ce qu'expérimente l'enfant dans la lune, et un esprit vagabond et ressasseur.

Deux attitudes :

— Lucas est un enfant lunaire. Quand le maître ou la maîtresse évoque la pollution en Méditerranée, il plonge littéralement dans la situation. Il entend peut-être encore la voix du maître ou de la maîtresse. Quelques mots restent saillants à son écoute. Mais il est déjà dans son rêve éveillé : il imagine les fonds marins, les mots entendus forment la structure de son moment d'imagination : il « voit » les coraux mais aussi les bouts de plastique. Magique ! Il est doté d'une combinaison spéciale avec un aspirateur relié

7. Michaël Corballis, *The Wandering Mind – What the Brain Does When You're Not Looking*, University of Chicago Press, 2015 *(en anglais).*

à la surface. C'est comme ça qu'il peut aspirer les plastiques et les renvoyer en haut pour qu'ils soient récoltés et traités... Il a inventé un truc pour nettoyer la mer. Il n'est pas dans un moment d'auto-glorification. Il a juste la solution de réparation pour que la Méditerranée soit belle et propre. Il a raté toute l'explication de son enseignant(e), ce qui est embêtant. Mais son excursion a été un véritable contentement pour son imaginaire!

— Mila, elle, est une adolescente à l'esprit vagabond et plutôt ressasseur. Elle a 13 ans, elle se cherche. Tout cela est bien naturel. Mais son esprit s'évade, à peu près toujours dans deux directions : Sarah, sa copine préférée, ne lui parle plus depuis deux semaines. Elle fouille pour comprendre ce qu'elle a bien pu faire ces derniers temps pour que l'autre l'évite... elle est aspirée par son récent passé; se voit dans différentes situations; elle passe de la culpabilité à l'énervement... Et puis, son petit vélo dans la tête tourne sans fin et se projette vers l'avenir : et si, dans le futur, elle ne parvenait plus à avoir une amie comme Sarah? Et si elle avait un problème avec les autres?

Ainsi Lucas se projette dans des scénarios imaginaires où les autres et les relations sont peu significatives, sa place étant plutôt celle du rêveur en action. Alors que Mila surinvestit sa place en relation avec les autres, ses relations à autrui, dans des introspections qui l'emmènent vers son passé ou encore vers son improbable futur.

Notion	Esprit rêveur	Esprit vagabond
Rapport au temps	Pas de relation au **temps** – c'est précisément de l'ordre du rêve : on dit d'ailleurs un «rêve éveillé», ou diurne. C'est une des caractéristiques de l'enfant lunaire.	Relation au **temps**, en mode décalé : Projection dans le passé (*ce que j'aurais dû faire dans telle ou telle situation révolue*) ou projection dans le futur (*ce que je ferai, l'angoisse prévisionnelle face à une situation à venir stressante*)

Rapport à soi	Pas ou peu de référence à soi. C'est de la pure pensée, de l'action virtuelle sans réel narcissisme. C'est la création d'un spectacle unique dont le créateur est le principal spectateur… À la séquence suivante, ce sera un autre spectacle… du même créateur pour le même spectateur !	Rapport à soi (et aux autres) angoissé qui « refait le match » ou fait « des plans sur la comète ». Les scénarios sont répétitifs, parfois obsessionnels. La personne ressasse.
Rapport au monde	L'enfant lunaire a pour champ prospectif de faire mieux que le monde, inventer de nouvelles machines, combattre les méchants, souvent une pensée positive, réparatrice de ce monde peu estimé… Mais il n'y est pas un super-héros.	L'ego est central et oppressant, cherchant à réparer son histoire… ressasse, mouline.

Chez les enfants, ce léger flottement dans le rêve éveillé permet l'émergence d'idées, de créations éloignées du rationnel ; c'est en ces zones que voyagent aussi, adultes, les artistes. En revanche, et il faudra y veiller, un enfant sur son nuage, peu situé dans son contexte de vie pourrait tendre à devenir un adulte introverti, à l'esprit ressasseur par manque de confrontation au réel.

Joan Miró, peintre, sculpteur, céramiste

« Je ne rêve jamais la nuit, je dors comme un bébé mais dans mon atelier je suis en plein rêve. […]

C'est quand je travaille, quand je suis éveillé que je rêve. […] Le rêve est dans ma vitalité, pas dans les marges, pas provoqué. Jamais[8]. »

ILS PARLENT LUNAIRES !

8. Joan Miró, *Ceci est la couleur de mes rêves*, Le Seuil, 1977.

À RETENIR

Enfant atypique et souvent réservé, l'enfant dans la lune n'a pas de pathologie particulière. Il investit cependant une posture originale qui vous intrigue en tant que parent. Charmant, câlin, peu attiré par le monde qui l'entoure, il privilégie son imaginaire et ses rêveries.

- Tous les lunaires ne forment pas une typologie...
- ... Mais ils ont bien des points en commun.
- Enfants gentils et charmants, ils sont réservés.
- Les échanges avec les autres ont moins d'attrait que leur imaginaire.
- Beaucoup sont de grands rêveurs éveillés.

CHAPITRE 2
SA MANIÈRE BIEN À LUI D'ÊTRE LÀ… ET PAS LÀ

Filons la métaphore : les enfants dans la lune, tel l'astre, ont un immense talent pour s'éclipser ! Au sens propre comme au figuré. Vous le pensez près de vous et voilà qu'il est parti dans ses pensées. Il était dans vos jambes il y a une minute et vous ne le voyez plus. Comment fait-il pour sortir du décor, pour s'effacer ainsi du champ d'action des autres ? Petit voyage au cœur de ces interactions.

EST-IL VRAIMENT « PAS LÀ » ?

Une autre forme d'attention

Il est commun de penser qu'être attentif, c'est être présent à l'autre, au contexte dans lequel on évolue, aux phénomènes environnants. « Prêter attention », dit-on. Ce n'est pas que l'enfant lunaire soit incapable d'être attentif. Bien au contraire ! Comme tout un chacun, il a développé et développera tout au long de sa vie des stratégies attentionnelles. Mais sa dynamique d'attention ne repose pas sur les mêmes critères que la plupart des gens. Il « porte » son attention sur d'autres contenus et selon des processus différents en comparaison de ses contemporains. La plupart des enfants que vous regardez jouer, dans la cour de l'école ou sur une plage, sont attirés par des faits saillants qui captent leur attention. Cela peut être motivé par des personnes qui ont bougé dans leur champ de vision, une balle qui vient vers eux, quelqu'un qui les appelle. Ils sont en lien avec ce contexte et leur vigilance envers leur milieu est directe. L'enfant dans la lune, en donnant moins de valeur à ce contexte proche et immédiat, part dans ses idées, ses images mentales. Il a parfois de grandes difficultés à « redescendre sur terre ». Pourtant, s'il semble « pas là », il est en fait bel et bien « là ». Il ne perd pas tout du monde qui l'entoure, mais y interagit un minimum. Il sait toutefois faire preuve d'attention tout en rêvant : la preuve en est, c'est qu'il parvient dans la grande majorité des cas à mener une scolarité tout à fait honorable.

Éviter d'attirer l'attention : mais où est-il passé ?

On connaît le dicton : « Pour vivre heureux, vivons cachés... » Le lunaire est très souvent un adepte de cette option. Sa grande propension à la solitude l'y conduit.

C'est un enfant qui s'efface, sort du décor imperceptiblement. Il prend la tangente pour s'assurer un coin tranquille où il peut lire, penser, faire des Legos *(en danois « led got = jouer bien », en latin « lego = assembler »)* ou des Kapla *(en néerlandais : kabouterplankjes, planchettes de lutin !)*. Être dans une histoire.

Rose à la plage

« Et pourtant, elle disparut comme par magie de mon champ de vision... Quelques minutes après, j'entendis une dame demander à l'animatrice : "Vous n'auriez pas vu Rose, ma petite-fille ?" L'animatrice, agacée, on le comprend, de ne jamais circonvenir cet "asticot" – un peu inquiète tout de même –, rétorqua : "Mais, elle était là il y a une minute !"
On sentait partout qu'une panique collective émergeait, bien qu'encore contenue... Tout le monde raidit la nuque et chercha l'intéressée... Les minutes furent longues. »

Finalement, il en prend de la place !

C'est donc un de ses paradoxes : perdu dans ses pensées, disparu de notre champ de vision, nous passons notre temps à faire attention à lui ! Une manière contradictoire d'être à la fois absent de la réalité ambiante et de devenir par cette posture un sujet de vigilance pour tout son entourage.

Intelligent et le plus souvent bon élève

Voici encore une bizarrerie qui, en tant que parents, vous laisse souvent démunis. Votre enfant lunaire est plutôt bon en classe. Ce n'est donc pas pour l'insuffisance de ses connaissances ou pour son niveau comparé à la classe que vous êtes convoqué(e) par l'enseignante. S'il est rarement premier de son groupe, ce qui impliquerait une relation de compétition avec ses pairs, il joue souvent avec la moyenne à 10. Il serait amusant de rassembler les bulletins scolaires des enfants dans la lune pour les comparer. Pas l'ombre d'un doute ! Tous expriment la même chose : « Bons résultats, élève sympathique, mais n'est pas en classe », « pourrait avoir de meilleurs résultats s'il était parmi nous », etc. Que l'on ait 12 ou 13 sur 20, sans être là... Chapeau bas ! Les enseignants détectent souvent chez ces enfants des capacités qui ne s'expriment pas complètement. Mais peu saisissent cette aptitude à réussir en planant.

De l'art de fermer... les « écoutilles » !

Nous connaissons tous le vocable « Fermer les écoutilles ». Terme de marine, les écoutilles sont des ouvertures dans le pont du bateau destinées à faire passer des chargements et des personnes. Fermer les écoutilles, c'est donc obstruer la circulation. Pratiquement tous les parents d'enfants dans la lune se posent un jour cette question : mais entend-il bien ? Car il semble dans un caisson étanche. Ne serait-ce pas un problème d'audition ? Eh bien non, ce n'est pour ainsi dire jamais le cas. Pris par son imagination, le son d'une voix peut lui échapper entièrement. Inutile de dire qu'au quotidien cela provoque votre agacement et perturbe beaucoup votre communication.

Friction : il vous adore, mais ne vous écoute pas !

Intensément aimant envers sa famille, il ne conçoit pas que vous puissiez être en colère à son égard. Sa relation à vous est idéalisée. C'est la perception qu'il en a et qu'il défend comme un trésor. Il se demandera toujours ce qu'il aura fait pour que vous soyez dans cet état ? Le quiproquo est total : il ne vous a pas entendu, vous avez répété et répété encore. Votre agacement s'est peu à peu transformé en colère. Cela a pris du temps, sans doute plusieurs minutes, pendant lesquelles vous avez corporellement vécu cette montée émotionnelle qui éclate. C'est agaçant, à la fin ! Sauf que lui, pas du tout. Puisqu'il n'a rien entendu et pas perçu le crescendo de la crise. Perdu dans ses pensées, l'émotion s'est intensifiée plus que chez d'autres enfants : le ton menaçant de votre voix le fait atterrir en catastrophe. C'est donc pour lui un double choc (le contenu de la séquence précédente dont il comprend qu'il l'a zappée et votre agacement qui s'ensuit). Son attitude statique et médusée ne fait qu'amplifier votre colère. « Mais bon sang ! Tu entends ce que je te dis ? » – Réponse envers vous : « Oui, maman, papa, manou... » (en version profil bas et poli). Réponse intérieure : « Bon, là maintenant, oui (tu hausses tellement le ton). Même si je ne comprends pas tout... Mais tout ce qui a précédé, rien compris ! »

L'atterrissage... comme une sidération

Une fois parti sur son nuage, nous passons du temps à le faire revenir. C'est exactement ce que ressent un enfant dans sa bulle : tout à coup, le monde lui parvient, il lui tombe dessus : par le haussement de voix d'un parent, par la main du maître ou de la maîtresse qui lui tapote son bras pour le faire redescendre. Cette sensation d'atterrissage forcé est une véritable sidération. L'enfant a loupé la moitié de la conversation ou de l'exercice. Patatras, il en semblerait presque idiot. Il lui manque tout simplement une partie de la réalité du moment. Soyez compréhensif envers ce processus de retour, car il lui faut (au bas mot) quelques secondes pour se resynchroniser avec l'actualité du contexte.

Ce qui ne l'empêche pas de bien connaître son monde

Avec l'air de ne pas y toucher, votre lunaire connaît bien son monde. Son recul vis-à-vis de l'action centrale qui absorbe ses contemporains lui offre un point de vue distancié. Il pratique une vision en diagonale des phénomènes de la réalité. Quand il sera plus grand, tout le monde aura en tête ses mots d'enfants si pertinents. Cette façon bien à lui de rester en retrait et, tout à coup, de lancer un truc qui attire l'attention (*sic*). Incisif et bien senti. Ce n'est pas qu'il soit particulièrement brillant, mais cette posture en réserve du mouvement ambiant est idéale pour observer les allées et venues des autres. Une manière d'être intensément là, mais sans se retrouver pris dans le radar d'autrui. Si cela restait du domaine de l'occasionnel, tout le monde trouverait cela plein de sagesse et de maturité. Seulement voilà, c'est un état permanent. Une attitude générale. Une véritable ligne de conduite.

SES SOLITUDES : ÊTRE – OU PAS – AVEC LES AUTRES

Un enfant solitaire inquiète toujours les adultes

Les adultes voient toujours d'un mauvais œil qu'un enfant soit seul. Ils traduisent la situation comme celle d'un isolement vis-à-vis des autres, que ce soit par son propre retrait ou du fait de sa mise à l'écart par un groupe qui, par principe, déteste et disqualifie les individus réfractaires. Face à un enfant qui se dira « être bien, seul », l'entourage analysera quasi systématiquement cette attitude comme une résistance, une protection, voire un évitement. Cela suggère une peur, ou du moins une posture négative. Bref, une stratégie défensive. Pour un enseignant, c'est l'inquiétude que l'électron libre perturbe la cohésion du groupe classe. Pour les parents, cela peut être une réelle angoisse à l'idée que son enfant n'ait pas de copains, ne se socialise pas bien, voire soit rejeté, isolé... perdu.

C'est pourquoi l'enfant lunaire trouble cette lecture du « comment doit être un enfant en société ». Car lui, aime énormément être seul. Cela lui est même indispensable pour élaborer tranquillement, vivre ses pensées, exister... Il ne le revendiquera pas, car ce n'est pas une personne qui sort l'étendard de son ego pour exiger ceci ou cela. Mais sa solitude est posée comme un fait accompli avec lequel son entourage doit composer.

Une capacité à être seul qui nous interroge

Le célèbre psychanalyste Donald W. Winnicott (1896-1971)[9] a écrit un très joli texte à ce sujet : *La Capacité d'être seul.* Selon lui, elle « constitue l'un des signes les plus importants de la maturité du développement affectif ». Mais il précise que cette capacité s'installe à partir d'une situation singulière : « Il s'agit de l'expérience d'être seul, en tant que nourrisson et petit enfant, en présence de la mère *(du parent)*. Le fondement de la capacité d'être seul est donc paradoxal puisque c'est toujours l'expérience d'être seul "*en présence de quelqu'un d'autre*". » Et c'est tout à fait ce qu'investit dès ses premières années l'enfant dans la lune dans son champ familial. S'il peut être formidablement bien, seul, c'est parce que vous ses parents, ses frères et sœurs, ses grands-parents ou sa nounou êtes là, rassurants. Même si vous vous trouvez à l'autre bout de la maisonnée, il n'est pas toujours « présent » au sens courant du terme. Son osmose avec l'écosystème familial lui est essentielle, elle lui assure de grandir en pleine tranquillité. Il s'isole dans sa chambre, tout en sachant que son « petit monde » est là, près de lui.

Sa manière de s'individualiser

Ainsi, à travers un vécu solitaire, choisi comme une véritable zone de confort, l'enfant lunaire expérimente le phénomène d'individuation (cette perception de soi comme différencié et indépendant

9. Donald W. Winnicott, *La Capacité d'être seul*, Payot, 2015.

d'autrui) en même temps qu'il prend conscience de son unicité (son ressenti d'être une personne unique).

Cela sera l'un des ancrages forts de la partie 3 de ce livre (Comment l'accompagner ?). Car si cette capacité à être seul est un considérable levier de sa maturité, de son intériorité, il vous faudra aussi, peu à peu, ouvrir ce cocon, l'ouvrir au monde… Très gentiment, mais fermement.

Une conviction personnelle : ma pensée est plus passionnante que votre monde

Il semble que la réalité qui l'entoure ne parvienne jamais à entrer en concurrence avec son exoplanète. Il faut dire que sa seule floraison mentale suffit et satisfait son quotidien ! Sa façon de rêver éveillé, de brouiller ce qui pourrait s'imposer à lui, de capter globalement le contexte par une attention partagée, etc., sont autant d'attitudes qui sous-tendent une conviction, une loi individuelle fondamentale. On pourrait même dire une éthique personnelle : ma pensée, mes recherches, mes machines sont plus importantes, plus légitimes que la vie ordinaire… La vie de famille, l'intendance, l'école, les règles et les processus… Tout ça, c'est très bien pour les autres, mais pas pour moi. En tant que parents, c'est ce qui vous déconcerte en premier lieu : ce système semble très huilé et parfaitement étanche, sorte de petit - mais solide - royaume. Ce n'est pas faux : il est étayé par des mois, des années de pratique sans qu'il ait jamais été contredit. Cette posture met en cause (toujours très gentiment) votre légitimité à poser des règles. Nous verrons qu'il existe pourtant des chemins à mettre en œuvre.

La maturité d'une intériorité

Dans nos sociétés qui portent aux nues l'enfant et l'enfance, nous devons admettre être peu intéressés, voire démunis, devant la notion d'intériorité et d'intimité des tout-petits, des enfants et des jeunes adolescents (là, nous n'y voyons en général qu'une crise). Les enfants lunaires ont un besoin vital de cette tour d'ivoire que nous traduisons souvent trop rapidement en une évasion dans les nuages. C'est pourtant chez eux une centration nourrissante. Les lunaires ont une manière d'habiter leur intériorité qui, très tôt, est très intense. Les lieux conçus pour les enfants ne prévoient que bien peu d'espaces consacrés au silence, à la pause. Si bien que les jeunes qui trouvent dans cette zone de confort un ressourcement n'ont d'autre solution que d'être dans leurs pensées. Cela concourt bien sûr à un entraînement de l'esprit qui favorise une plus grande maturité que chez les autres petits du même âge.

LA LECTURE, UNE ACTIVITÉ SI PLEINE D'ATOUTS

Le lunaire, ce lecteur

Pratiquement tous les lunaires sont des lecteurs. Ce sont de véritables rats de bibliothèque et de centres de documentation, de sites Internet documentaires.

L'apprentissage de la lecture est pour toutes et tous une véritable promenade. Tous les témoignages que j'ai recueillis le soulignent : lire relève même d'une certaine joie, au contraire de l'écriture qui leur est pénible (cf page 77), ce qui les rapproche des enfants précoces.

Très vite, l'enfant rêveur ressent cette magnifique autonomie de la lecture. Surtout, il pressent là une activité solitaire majeure. Et c'est vrai que beaucoup y passent pas mal de temps. (« J'arrive, je n'ai pas fini ma page ! »). Rien ne lui fait plus plaisir que d'être seul, parfois dans le cocon de son lit (si, en plus, sa place est en haut d'un lit superposé, c'est formidable !) pour lire des aventures complémentaires de celles qu'il a en tête. C'est vraiment le bonheur ! La lecture en devient un miel !

C'est aussi l'opportunité de découvrir d'autres imaginaires, d'emmagasiner des connaissances, d'apprendre tout seul sans entrave. Il aime particulièrement les mythologies qui contentent son imaginaire de dragons, de demi-dieux aux pouvoirs fantastiques. Des éléments dont il est conscient qu'ils n'existent pas dans la vraie vie, mais qui se rapprochent de ses élucubrations personnelles. L'histoire, les romans en séries ont aussi sa faveur. L'enfant lunaire aime ce butinage intellectuel où il prouve d'ailleurs une belle capacité d'indépendance et d'autonomie active. Il excelle à cette autoformation culturelle par les textes et les illustrations, car c'est un « super associatif » : tout ce qu'il apprend ainsi par lui-même est vite mis en relation avec d'autres fragments de savoirs. Il excelle à faire des ponts entre des choses qu'*a priori* un enfant de son âge n'est pas prompt à associer. Là aussi, sa démarche est proche de celle de certains enfants précoces.

Le cocktail magique : isolement, silence, concentration, associations !

Son isolement dans le silence, cette capacité d'absorption et son talent pour les associations ont pour bénéfice ultime de s'installer dans la mémoire profonde. D'où l'étonnement de certains adultes découvrant sa culture générale… Ce n'est pas qu'il soit forcément doué, ou haut potentiel, c'est que cette persévérance, cet effort consenti, lui permettent d'engranger tôt beaucoup d'informations et de jongler avec. Nous verrons que, pour de curieuses raisons, il convoque assez peu ces connaissances quand il est à l'école. Ce qui vous désole.

Tout cela est épatant. Qui se plaindrait d'avoir un enfant lecteur ? Formidable en effet, mais suggérons tout de même un bémol. Il faut veiller à ce que la lecture ne devienne pas un refuge sans partage avec autrui : vous, la fratrie, les grands-parents, les copains, s'ils existent. Car cela peut vite devenir un prétexte à s'isoler sans jamais éprouver le besoin de dire ce qu'on est en train de découvrir.

Gérard Garouste, peintre[10]
« Être dans la lune, c'est une soupape de sécurité quand les choses deviennent insupportables. »

ILS PARLENT LUNAIRES !

10. Gérard Garouste, avec Judith Perrignon, *L'Intranquille*, éditions L'iconoclaste, 2009.

UN OVNI PARMI LES AUTRES ENFANTS

Je me souviens d'une dame qui avait des chats siamois et disait : « Mes siamois n'aiment pas les autres chats, parce qu'ils ne savent pas qu'ils en sont eux-mêmes. » Avec l'enfant lunaire, c'est un peu la même chose. Que ses frères et sœurs soient des enfants comme lui, il n'en doute pas. Et si ces terriens sont très différents, ils possèdent cependant les mêmes valeurs, le même espace de foyer, une organisation partagée (enfin, vraiment un tout petit partage). Mais les autres enfants, ceux du groupe sur la plage de Rose, par exemple, ceux de la classe, semblent transparents et quantité négligeable. Être ou ne pas être avec les autres, *that is the question.*

Un chouïa misanthrope ?

Osons nous poser la question. L'enfant en perpétuel voyage dans ses nuages n'est-il pas en soi quelqu'un qui n'aime pas les autres ? C'est assez peu probable chez les enfants en général. Mais non, l'enfant dans la lune n'a tout simplement pas le code pour entrer en contact avec ces martiens que sont ses pairs. Il ne sait pas très bien comment faire pour établir des échanges et préfère s'abstenir de s'engager.

Anti-héros, anti-leader

Nous l'avons décrit gentil et même candide, car malgré les années il acquiert peu d'expérience des autres. Il vous faudra être vigilant à la moquerie, au rejet, aux coups que votre enfant pourrait subir. Vérifiez que sa petite stratégie d'évitement dans les relations ne se transforme pas en cercle vicieux. De forts potentiels mais une estime de soi dégradée ? Vous la voyez poindre, cette boucle qui génère vite une figure de bouc émissaire : il préfère éviter le contact avec les autres, qui le rejettent, ce qui entretient en lui l'idée qu'il n'est pas à la hauteur d'une relation et qu'il est normal d'être rejeté et battu. Donc, décollage et retour sur les nuages, agacement des autres, exclusion, etc.

Un joueur souvent solitaire

Jouer seul, c'est élaborer, construire, délirer un peu, prendre la tête d'un monde où les figurines, l'espace de la chambre, sont autant de supports à l'imagination. Jouer ensemble, c'est échanger, faire équipe, entrer en compétition, affiner une tactique, gagner ou perdre, jouer avec ou contre... l'autre, les autres. Toutes ces contingences que l'enfant rêveur évalue comme des contraintes, il les contourne spontanément. Nous avons bien saisi que ce type de relation n'est pas sa tasse de thé, de prime abord ! Pourtant quand parfois les adultes, les copains l'y entraînent, il se peut que, gentiment, il entre dans la danse. Mais son intérêt s'épuise vite et il s'éclipse : dans sa tête ou physiquement. Le jeu et la présence des autres semblent assécher son imaginaire... et ça ne l'intéresse plus.

TÉMOIGNAGE D'UNE MAMAN INTERNAUTE

Quand votre enfant part dans ses délires !

«... il aime les jeux de société mais part vite dans des "délires" où les pions attaqueraient bien les autres avec des engins spatiaux. Et il part de la table pour aller construire son engin spatial... qui est toujours très bien fait.»

UNE GESTION CORPORELLE... OPPORTUNISTE !

Déconnecté de sa réalité corporelle ? Pas si sûr...

Il est fréquent que les personnes qui rencontrent un enfant lunaire jugent son schéma corporel très déficient. Aérien comme les nuages où il se perd, il semble peu incarné... et c'est une véritable interrogation, un léger trouble, pour les parents qui les ont mis au monde ou accueillis au sein de la famille.

À la maison, vous êtes perplexes

Combien de fois lui avez-vous dit : « Fais attention à ce que font tes mains ! » ? Il est vrai qu'il revient de la cuisine sans la fourchette que vous lui aviez demandée ou qu'il regarde le plafond au lieu de mettre ses chaussures. Tout laisse à penser qu'il ne sait pas le faire. En fait si, mais c'est juste que cela ne l'intéresse pas vraiment. Car, par ailleurs, vous pourrez le trouver dans sa chambre en train de coller minutieusement depuis deux heures des petits bouts de papier parce qu'il est parti dans le projet de construire un château fort par lui-même. Il y a donc là une question de motivation, d'esquive de la contrainte et de désaveu des consignes. Ce dernier point, bien compliqué dans la relation aux autres, ou à soi, est aussi un challenge pour vous, parent, responsable de son éducation.

Le corps et le sport… comment ça, du sport ?

De fait, peu d'enfants lunaires sont des fans de sport… et encore moins s'il s'agit de sports collectifs. À cela, trois raisons faciles à comprendre.

> Le sport, cela implique le corps et des techniques gestuelles qui sont aux antipodes de son appétence majeure. Cela suppose d'être avec les autres (sur le terrain, au vestiaire, avec le même maillot que tout le monde). Pire, il faut se confronter à des gens que l'on ne voit qu'une fois par semaine et que l'on ne connaît pas vraiment (le lunaire a déjà du mal avec les enfants de sa classe, alors avec des équipiers !).

> Le sport, c'est aussi entrer dans la compétition, être dans le bon tempo, respecter des règlements et employer des tactiques qu'il juge moins instituées qu'arbitraires. Au sommet des contraintes, il y a encore les arbitrages, les qualifications, « les fautes », et parfois même un public !

> Clou du spectacle, il faut participer et être en permanence dans l'action, rendue d'autant plus fluide que l'on s'est entraîné des milliers de fois à faire le même geste. Tout ce qu'il déteste !

Bref, l'enfant lunaire est un adepte de la devise de Churchill : « *No sport!* ». Mais soyez rassurés, il y a bien d'autres occupations qui sauront le passionner. C'est d'ailleurs parfois un simple stade de maturité et le sport l'attirera plus tard.

Il se peut que le professeur de sport vous ait demandé comment cela se passait à la maison, car pour ce qui est des cours de gym, votre enfant ne suit pas les indications, est décalé dans les mouvements collectifs, part du terrain en pensant à autre chose... Est-ce parce qu'il aurait une véritable déficience en matière de schéma corporel ? La plupart du temps, pas du tout ! Mais qu'il ait des stratégies pour « ne pas faire », ne pas s'aligner, est l'une de ses manières peu conventionnelles d'être/ne pas être en société. Nous l'avons perçu à propos de son peu d'appétence pour les autres. Se disqualifier soi-même du cours de gym est, il faut le souligner, une bonne stratégie pour rester sur le bord du terrain.

UNE AUTONOMIE QUI CHALLENGE VOTRE RÔLE DE PARENT

Je crée, prenez le reste en charge

C'est un dilemme. Votre enfant est très heureux dans son mode au fonctionnement atypique. Monsieur ou mademoiselle vaque à ses occupations, la tête en l'air, comptant sur l'entourage pour assurer l'intendance. C'est son côté artiste ou chercheur : « je pense, donc je vous suis », du moment que vous gériez les obligations. Bref, il s'exempte unilatéralement du quotidien commun. Et comme cette activité mentale vous interroge, parfois même suscite votre admiration, tout le monde autour de lui coopère docilement. Car cet enfant poli sait très bien renvoyer la balle pour avoir la paix. C'est son côté « mur de tennis ». Une internaute m'avait écrit s'être récemment plainte auprès de son fils de 6 ans de le voir constamment dans la lune. À quoi le garçon avait répondu : « Et alors ? C'est joli la lune ! » Désarmant !

Une détestation de la consigne

C'est l'une des clefs majeures de sa façon de négocier avec son environnement : l'enfant rêveur, avec son côté aérien, léger, évanescent, développe une belle stratégie consistante et tenace, donc terrienne : il produit de solides résistances à ce qu'il considère comme des intrusions dans son espace personnel. Vous ne le percevez pas ainsi de prime abord, puisque c'est quelqu'un de gentil et doux. Mais cela se révèle et se vérifie chaque jour : il déteste et même disqualifie les consignes. Tout d'abord parce qu'il sait mal y répondre et plus généralement parce qu'il ne souhaite pas s'y conformer, autrement dit « faire comme les autres » : ou alors peut-être est-ce l'inverse, d'ailleurs ?

Avec vous, il accepte de s'obliger parce que vous êtes son cercle intime. Il vous aime et souhaite vous faire plaisir, même si cela le contraint et représente vraiment (vu de sa planète) un sacrifice. Mais avec les personnes référentes qui se trouvent à l'extérieur de ce cercle, il s'avère un gentil rebelle. Mais un rebelle coriace, tout de même.

Dialogue d'un petit terrien (4 ans)
avec son frère lunaire (3 ans)

— « Dis, pourquoi t'es toujours dans la lune ? »

L'intéressé s'accoude à la table, appuie sa tempe sur son poing et répond, les yeux dans le vague :

— « Parce que j'aime pas que les gens ils changent mes choses à moi. »

ILS PARLENT LUNAIRES !

Une motivation personnelle et unilatérale

Par son attitude charmante mais, semble-t-il, imperméable, votre petit lunaire interroge votre rôle de parent. Vous avez parfois l'impression vertigineuse qu'il crée tout seul un chemin personnel. Car vous le savez bien : il porte son attention là où elle lui semble être la plus légitime… et bien souvent il a raison ! Nombre de témoignages relatent le même constat. D'un enfant qui semble souvent absent, les parents s'interrogent sur ce qu'il pourrait bien aimer, à quoi le raccrocher pour qu'il prenne mieux sa place. Et pourtant, avec le temps, bon nombre de parents découvrent que leur enfant a mûri par lui-même des choix, des envies. Ses heures de songes l'amènent mieux que d'autres à distinguer ce qu'il aime et voudrait faire.

TÉMOIGNAGE D'UNE MAMAN INTERNAUTE

Cet enfant qui prend des décisions

« Mon fils est né en fin d'année. Il est actuellement en CE1 et a donc eu 7 ans il y a 2 mois.

C'est un petit garçon très autonome pour certaines choses et très dépendant pour d'autres. À la maison, il prend souvent des "décisions" pour des activités qui l'intéressent. Il écoute aussi parfois nos conseils quand quelque chose ne se déroule pas comme convenu, mais j'ai l'impression qu'il ne fait qu'écouter…car dans l'application il est souvent "hors jeu". »

Sa concentration pour ce qui le motive et ce qu'il a élu comme fascinant est puissante. Cette jeune personne qui est votre enfant est souvent très centrée, voire concentrée à l'extrême. Dans le secret de sa pensée, il semble ailleurs. Il est pourtant très présent à son projet. Parfois sans le savoir lui-même. C'est la grande énigme des enfants dans la lune : beaucoup ne semblent pas avoir d'appétence pour les mêmes engouements que les enfants de leur classe d'âge. Ils ne font aucun effort d'adaptation au sport et préfèrent le dessin ou la musique. Et puis, un jour, sans prévenir, ils vous déclarent : « Je vais faire du sport. »

C'est pour vous un étonnement de le voir décider et faire des choix, si contraires à l'apparence de son quotidien, et cela avec aplomb. Alors qu'il ne prend pas de décisions dans la vie ordinaire - laissant toujours à son entourage le choix de l'initiative - le voilà en train de décider vraiment, vous demandant à peine votre assentiment. Vaste étonnement pour vous de découvrir qu'il a une écologie personnelle très ancrée. Du karaté! Vous vous dites que c'est improbable, vu sa manière aléatoire de vivre son corps. Vous argumentez que vous passerez par un cours municipal avec séance d'essai gratuite, histoire de ne pas payer un trimestre pour une lubie. Et puis, parvenus sur le terrain, vous constaterez que cela se passe bien. J'en ai connu devenir ceinture marron de karaté, avec aisance et joie! Épreuve validée!

Une invitation à être parent… autrement

Les enfants lunaires ne savent pas toujours, même avec vous, partager leurs idéaux, leurs envies, leurs projections. Si vos enfants sont encore petits, vous ne l'avez pas forcément remarqué : ils semblent grandir seuls. D'où la scène décrite précédemment qui vous amène à « découvrir » la maturation insoupçonnée d'un projet qui sera d'ailleurs mené à bien, car longuement préparé. C'est bien sûr perturbant pour nous parents, adultes, formés à l'idée qu'éduquer c'est entourer, tutoriser, transmettre un savoir… et savoir mieux qu'un enfant. Ne pas recevoir des informations sur une décision de bout de chou! Dans cette histoire de choix unilatéral, il a pu vous sembler que vous n'y avez été pour rien du tout. En tant que parent, vous pouvez vous sentir démunis, peu décisionnaires.

C'est une autonomie fragile, bien sûr

Tout cela semble être une belle autonomie assumée, dont vous seriez (au mieux) l'accompagnatrice ou l'accompagnateur. Mais, vous l'avez compris, votre gentil lunaire joue avec l'interaction et a profondément besoin de vous. Nous l'avions suggéré avec Winnicott : son talent « d'être seul en présence de l'autre » repose sur son expertise à être « seul avec vous ». Il faudra donc coéduquer à la connaissance de soi, suivre la pente de ses goûts et l'ouvrir aux autres qui eux-mêmes ouvriront des portes vers d'autres possibles. En d'autres termes, comme nous le verrons en partie 3, il s'agira de mener doucement, heureusement, vers un chemin de pleine autonomie, avec pour socle une meilleure détente vis-à-vis de soi et de ses contemporains.

TÉMOIGNAGE D'UNE MAMAN INTERNAUTE

Un enfant qui fait des choix et sait s'y tenir avec attention et persévérance

« Notre fils a douze ans et plane… C'est un garçon de caractère enjoué, très câlin et il est aussi volontaire. Je suis constamment derrière lui pour le ramener sur Terre, parfois avec patience et, d'autres fois, je râle fort, car ça me fatigue. Il aime la musique, il pratique la harpe, mais a beaucoup de mal en sport. Ce n'est pas qu'il n'aime pas le sport, c'est qu'il est un peu désordonné dans ses mouvements. Du coup, il est à la traîne.

C'est lui qui nous a demandé un jour de pratiquer la harpe et je peux vous dire que c'est nous qui voyageons quand nous le regardons jouer, tandis que lui est bien présent à se dire "Place bien tes doigts", "Attention à ta position", "Pas de fausses notes". Eh oui ! Je peux le dire aujourd'hui : après avoir cherché et encore cherché des solutions pour lui, pour le ramener sur Terre, il nous fait un beau "pied de nez". »

À RETENIR

- Son attention, qui est de qualité, privilégie ses songes.
- L'enfant dans la lune trouve dans la lecture un miel pour son imaginaire.
- Sa relation aux autres mérite votre vigilance.
- Bien ancré corporellement, il n'aime pas faire des choses sur consigne.
- Son autonomie challenge votre rôle de parent.

CHAPITRE 3

L'INCROYABLE « CARTE DU MONDE » DE L'ENFANT LUNAIRE

Beaucoup de témoignages de parents se rejoignent sur ce point : lorsque vous échangez avec les personnes qui prennent en charge votre enfant, vous partagez, de fait, le constat de son tempérament rêveur. Mais vous avez aussi cet étrange sentiment que votre interlocuteur et vous ne parlez pas du tout du même enfant ! Bien souvent, il émerge en vous un sentiment plus étrange encore : pour vous transformer en ambassadeur de votre petit héros, vous aimeriez bien comprendre comment il s'imagine - elle, lui - dans le monde. Et, là, vous constatez comme un manque que vous ne ressentez pas avec vos autres enfants, lorsque vous êtes parent d'une fratrie, mais aussi avec les enfants de vos amis d'un âge similaire.

C'est sans doute le sens profond de l'expression « être dans sa bulle ». La représentation que votre enfant a de sa situation, sa manière d'être au monde, ancrée dans une drôle de conviction intérieure, demeure pour vous une énigme. Partons à la découverte de cette curieuse appropriation de leur monde que bien des enfants dans la lune ont en commun. Et d'ailleurs, cette bulle, où se trouve-t-elle ? Eh bien, elle est chez vous ! Cela mérite quelques explications !

TÉMOIGNAGE D'UNE MAMAN INTERNAUTE

Un enfant si différent avec sa famille et en société

«Mon fils vient d'avoir 6 ans et son côté lunaire commence à poser problème à l'école, où il est peu participatif, quelle que soit l'activité. À la maison, c'est un "autre enfant" : très joueur, manifestant un caractère bien trempé, toujours prêt à nous proposer un spectacle de son cru. Que faire?»

LES INTERACTIONS AU CŒUR DE LA PROBLÉMATIQUE

La génétique, la biologie, l'étude des aires du cerveau et de leur fonctionnement, aussi pertinents soient-ils, saturent actuellement le débat concernant les enfants. Cela ne doit pas faire oublier qu'un bébé ou un enfant est puissamment contingent d'interactions complexes. Celles-ci le traversent et l'englobent à la fois, dès sa vie intra-utérine et au cours de tout son développement; de toute sa vie même. Quelle que soit la forme de sa famille ou de son accueil, le tout-petit se situe «par rapport» à autrui, à commencer par ses parents, figures d'attachement, avec une initiation des sens, de l'espace-temps, des rythmes, des ordres et désordres systémiques de son environnement. Avec les années, l'enfant se sociabilise et, à partir du noyau familial, il va s'ouvrir à l'expérience sociale, à de nouvelles personnes, adultes et enfants de son âge. Nous allons découvrir que, pour un grand nombre d'enfants dans la lune, cette expérience ne se déroule pas tout à fait ainsi.

La famille aimante, véritable cocon

Si j'emploie le mot «famille», vous comprenez comme moi un ensemble plus ou moins grand de personnes, adultes et enfants, organisés d'une certaine manière au travers de liens filiaux, biologiques ou non. Faire famille, c'est donc être ensemble, chaque membre avec sa personnalité : chacun avec une place et chacun à sa place ; à la fois porteur d'énergie (vertueuse ou complexe) envers ce petit clan et porté par la dynamique (légère ou chargée) de celui-ci. Chacun des protagonistes a plus ou moins conscience de sa propre situation dans l'organisation et une certaine idée, une certaine vision globale de ce qu'est, vu de l'extérieur, sa famille. Celles que les voisins appellent « les Dupont » ou les « Durant ». Votre enfant dans les nuages participe pleinement de cette identité commune, bien que sa participation au sein de votre composition familiale soit quelque peu originale. Décryptons comment cela s'est installé.

COMMENT CELA S'EST-IL MIS EN PLACE À LA MAISON ?

Au tout début, à la naissance, puis dans les trois premières années, rien ne laissait présager que votre tout-petit était dans sa bulle. Il était tout à fait bien au monde. Comme tout enfant sans difficulté, il était immensément avec vous. Et même à la crèche, il semblait plutôt à l'aise. Les assistantes maternelles ne vous ont pas vraiment signalé qu'il partait dans les nuages. Rétrospectivement, beaucoup d'entre vous insistent pour décrire leur enfant comme un bébé dès le départ facile, puis un petit enfant éveillé. Malicieux, facétieux, souvent créateur de petits monstres qu'il invente et mime, il est souvent aussi un amateur de déguisements. Il est par essence un inventif. Il dégage le charme de ceux qui savent exprimer avec joie les idées qui leur passent par la tête.

Nous parlons ici d'un enfant calme et obéissant, sans histoires et très câlin. Le rêve, c'est le cas de le dire ! Bébé est petit, il est bien naturel de le choyer, de l'entourer, de le protéger... et c'est bien sûr magnifique. C'est la période de l'attachement, de l'élaboration de la « niche sensorielle » selon le beau terme du neuropsychiatre Boris

Cyrulnik, si essentielle pour le sentiment de sécurité de l'enfant et l'harmonie de son développement. Pour celles et ceux dont l'enfance fut heureuse, cela reste un merveilleux trésor. Pour les enfants dans la lune, ce nid est sans doute survalorisé, ce qui rend leur émancipation et leurs relations sociales moins évidentes que pour d'autres enfants.

Boris Cyrulnik, neuropsychiatre

« Les découvertes récentes en neuro-imagerie et en psychologie du développement démontrent clairement que la disposition d'une niche sensorielle stable autour du bébé, lors des interactions précoces, permet à l'enfant d'acquérir un facteur de protection durable. L'incroyable bouillonnement neuronal qui s'étend depuis les derniers mois de la grossesse jusqu'à l'apparition du langage verbal explique notamment cette période sensible : autant de mois, d'années où le tout-petit prend l'empreinte du milieu au sein duquel il évolue. Quand l'environnement est stable, il imprègne dans l'enfant un sentiment de confiance qui facilite, enrichit la relation, et ce, de manière durable. À l'inverse, quand le milieu souffre, le bébé acquiert un facteur de vulnérabilité neuro-émotionnelle, résiliable... à condition d'intervenir précocement[11]. »

PAROLE D'EXPERTS

Parce qu'il est petit, vous prenez en charge ce qu'il ne fait pas

Les premiers signes émergent après l'âge de la propreté (autour de 3 ans), quand les petites jambes gambadent facilement et qu'il est demandé à l'enfant de participer aux projets et aux activités de la famille, en gagnant en autonomie. Personne ne le remarque encore, mais, déjà, s'installent une manière d'être au monde et une interaction

11. Boris Cyrulnik, *Attachement, cognition, éducation*. Présentation de l'Institut Petite Enfance (IPE) – Boris Cyrulnik : https://bit.ly/30vlWqn.

que le lunaire investit, à son insu (car il ne s'agit évidemment pas d'une stratégie consciente). Cela s'installe plus encore sous le nez de toute la tribu familiale : vous parents, sœurs et frères, grands-parents, voire nounou. Ce n'est pas un débrouillard, il ne semble pas avoir entendu la consigne... C'est vrai qu'il est tout petit... Ça lui viendra sans doute plus tard, se dit-on.

De l'art de la compensation

Et comme nous sommes tous toujours pressés, « on fait pour lui et pour gagner du temps ». Tous les parents de lunaires se plaignent de cette sorte de chaînon manquant qui fait que la petite sœur âgée de deux ans de moins fait ses lacets tout en racontant un truc (quelle pipelette !) alors que lui n'y parvient toujours pas (lui aussi raconte dix mille choses - quel pipelet !), mais continue l'histoire débutée sans remarquer qu'il marche sur ses lacets. Par une curieuse et constante interaction, le lunaire a souvent des frères et sœurs terriens. Par leur adaptation au réel, ces derniers compensent la propension au virtuel dans laquelle leur sœur ou frère trouve plaisir à vivre. Tout le monde râle de faire les choses à sa place, de devoir l'alerter qu'il sort en chaussons dans la rue... Mais tout le monde compense. Le lunaire, sans rien faire (c'est le cas de le dire !), par sa seule inertie, mène son monde.

TÉMOIGNAGE D'UNE MAMAN INTERNAUTE

Lui dire qu'être autonome, ce n'est pas nous perdre

« A. va grandir et j'aimerais l'aider à grandir au mieux... et surtout qu'il apprécie de grandir, de grandir bien, d'être au monde avec les autres... de comprendre que les règles ne sont pas édictées pour l'embêter mais pour l'aider... qu'être autonome, ce n'est pas "nous perdre" (je me trompe peut-être dans mon interprétation). Comment faire ? »

Ce qui s'est ainsi validé dans son esprit, c'est qu'il est en possession d'un gentil passe-droit à ne pas s'obliger comme les autres et d'un passeport pour partir dans ses pensées. L'interaction de la situation fonctionne à fond! Pour cet enfant, c'est l'habitation d'un paradis : construire dans sa tête en toute tranquillité, n'être qu'avec des gens qu'il adore «absolument» et qui prennent tout en charge! Un nid douillet pour rêver, penser et imaginer. Une boucle se met en place où son entourage ne lui en demande pas trop et où il peut penser... beaucoup! À partir de là, le monde extérieur, la vie sociale peuvent paraître insignifiants et sans saveur.

Rose à la plage

«(...) Alors, un peu excédée, la jeune animatrice déserta son groupe pour venir chercher Rose qui ne se défendit pas du tout et obtempéra gentiment. Elles revinrent toutes deux dans le cercle. Pour avoir la paix et l'assurance de ne pas la voir se carapater à nouveau, la jeune fille installa Rose sur ses genoux et reprit le cours de son travail d'animation avec le petit groupe des enfants. Rose, trônant en cette place unique qui la distinguait des autres, ne participa pas beaucoup plus, mais semblait enfin d'accord pour participer... un peu.»

Comment ce delta immense existe-t-il?

Vous ses parents, ses frères et sœurs, l'animal de compagnie aussi, la maison, sa chambre, son lit, forment une sorte de poche placentaire idéale dans laquelle il resterait bien pour toujours. C'est un tout dont, pour son confort, il dissocie peu les éléments.

C'est le fait de tous les petits enfants, certes. Mais les premières années sont en général consacrées à mettre en œuvre un chemin d'autonomie auquel les enfants adhèrent le plus souvent, où leur identité s'affermit au fil de l'expérience personnelle, de la vie familiale, de la relation interpersonnelle avec ses parents et où la notion de temps, d'horaires, devient de plus en plus marquée et omniprésente.

Des lignes de temporalité se tendent peu à peu dans la conscience : temps court de la matinée, temps long de la semaine, temps difficile à saisir du mois… mais aussi cette temporalité plus profonde, moins consciente qui est le temps long des générations, des origines, que l'affection des grands-parents permet d'assimiler sans réfléchir. Pour les familles moins «unifiées», n'oublions pas que ce qui vient d'être dit est aussi à vivre avec des oncles, des tantes, une voisine âgée qui sert de mamie !

C'est donc l'inscription dans le temps qui est importante dans la construction des enfants, mais le lunaire y semble peu sensible. Il lui vit la dimension spatiale et disqualifie la notion temporelle. Même si celle-ci est bien réelle, c'est évident. Vous, sa tribu, formez son «cercle magique».

« LA CARTE N'EST PAS LE TERRITOIRE »

La carte du monde des enfants dans la lune

Tous les enfants lunaires ne développent pas forcément cette carte du monde que nous nous apprêtons à dessiner maintenant, mais beaucoup de témoignages recueillis démontrent qu'il s'agit d'une représentation de leur environnement qui leur est souvent commune. C'est donc une piste intéressante pour permettre quelques changements. Pas pour le plaisir de changer, mais parce que la socialisation de votre petit enfant en sera considérablement simplifiée, son goût pour les interactions terriennes vivifié et son constant décollage dans les nuages atténué.

Nous l'avons vu au cours de ces pages, l'enfant lunaire porte une affection totale pour sa petite planète famille où il règne avec subtilité. S'il flotte, c'est dans un intramonde, comme un fœtus dans le liquide amniotique. Un univers clos dont le centre est sa pensée et les frontières le cercle familial. Dans cette poche quasi placentaire, il/elle loge en prince ou en princesse !

Et puis, il y a ce monde merveilleux des idées, des pensées, des imaginaires fabuleux où la nature, la lumière, la nuit, l'espace, les forces en présence offrent tant de fonds (de patterns) à tout son imaginaire. En revanche, ce qui semble transparent, dans une zone grise, matérielle et fade, ce sont des « choses » obligées comme l'école, les autres enfants, l'intendance et ses règles, les horaires, etc. Tout cela n'est que obligations. Voilà l'autorisation majeure que s'octroie l'enfant lunaire : zapper toute cette substance étrangère, bâcler l'existant pour avoir la paix, et même l'éviter quand cela est possible.

Empathie et sécurité, et inversement

Autant il est sécurisé à la maison, autant il se sent « insécurisé » hors de sa « niche », d'autant plus si vous n'êtes plus là. D'où cette distorsion de représentations (de cartes du monde !) entre vous et le maître ou la maîtresse. Et cela vient se confirmer lorsque vous échangez avec cet enseignant et que vous réalisez que vous n'avez pas l'impression que vous parlez du même enfant. Cette réflexion, telle qu'évoquée précédemment, signifie tout simplement que vous avez des représentations différentes de l'enfant.

Trois plans à faire dialoguer

Dans ce monde de l'enfant dans la lune se distinguent trois plans :

- **Le cocon familial** est, comme nous l'avons cerné, telle une poche placentaire où les fantasmagories peuvent s'exprimer à l'envi, puisque tout autour de soi, les intimes prennent les questions matérielles en charge ;
- **À l'infini (et au-delà)**, le monde idéal de tous les possibles dans l'espace des rêves, du cosmos, des machines inventées ;
- **Et dans l'entre-deux**, ce magma bourbeux qui a une odeur, de la salive, des corps, des horaires, des contraintes, des consignes, du temps.

L'univers, l'imaginaire

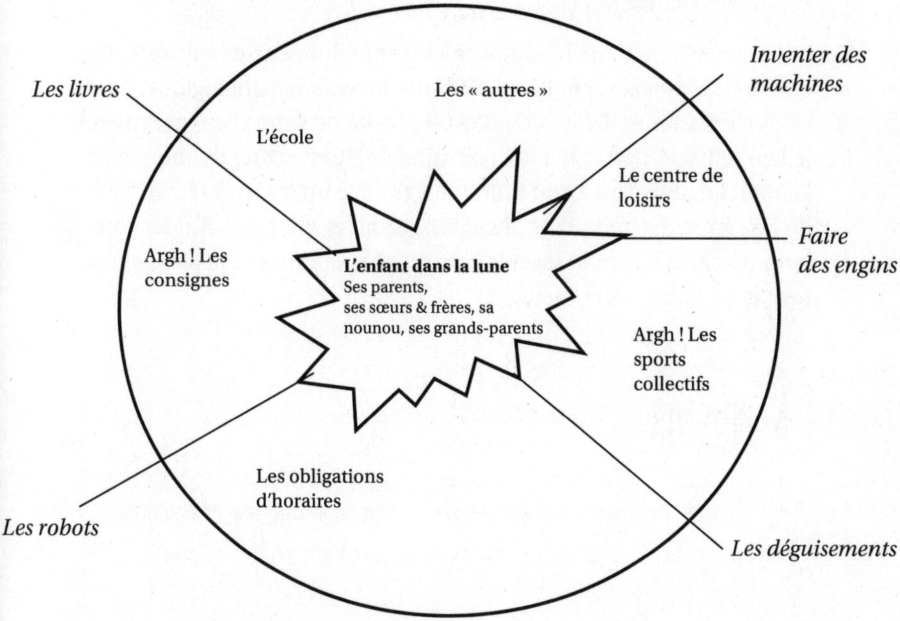

Valentina, la cabeça na lua (Valentine, la tête dans la lune)[12]

« Des questions, des questions. Valentina en a plein la tête. Mais elle n'aime pas penser à de petites choses, comme une table, se brosser les dents ou prendre une douche. Ce qu'elle aime vraiment, c'est de porter son attention sur des choses qui comptent vraiment, comme les sentiments ou les gouttes de pluie, et d'observer une un dessert de gélatine qui tremble. Valentina préfère les questions dont les réponses exigent que la pensée s'envole. On dit même qu'elle a la tête dans la lune. Ou est-ce la lune qui est dans la tête de Valentina ? »

---

12. Adriana Falcáo & Alexandre Rampazo (en portugais) : *Valentina, la cabeça na lua*, Album jeunesse (4e de couverture), éditions Salamandra, 2013.

Et vous êtes là, pour donner du sens à cette carte

Nous verrons dans le chapitre suivant comment défendre votre enfant de toutes ces tentatives d'en faire un enfant pathologique. Avec ce que vous venez de lire et qui est si proche de votre vécu quotidien, je vous en sais déjà tout à fait convaincu(e). Cette carte du monde de l'enfant lunaire, c'est avant tout une très belle invitation à réunir, faire du lien entre ces trois plans. Il s'agira, parmi les solutions, d'aider votre bout de chou à oser le monde sans perdre sa formidable capacité à penser l'ailleurs, autrement.

À RETENIR

- Plus que tout, les échanges et les interactions ont une importance.
- Votre charmant enfant dans la lune préfère penser et que vous fassiez pour lui.
- Dans son monde, il y a son cocon familial, à l'infini ses pensées ; et au milieu, ce monde des autres qu'il ne sait pas gérer.

CHAPITRE 4
ÊTRE DANS LA LUNE N'EST PAS PATHOLOGIQUE !

ÊTRE UN PARENT BIEN INFORMÉ POUR MIEUX AGIR

Ne pas vous laisser enfermer dans des cases

Fort heureusement, les enfants rêveurs n'ont pas engendré une énième « association parentale des droits des lunaires ». C'est avant tout dû à leur manière d'être en société, qui postule de ne se laisser enfermer dans aucun cadre. L'enfant lunaire est une personne qui va bien, qui se porte bien. Nous constaterons dans ce chapitre que la farandole des troubles infantiles, dont vous allez entendre parler à propos de votre enfant, correspond bien peu à sa situation.

Connaître les concepts pour pouvoir mieux échanger

Il est donc primordial de vous familiariser avec ces troubles et pathologies que l'on voudrait si répandus parmi les enfants d'aujourd'hui. Bien des lunaires subissent ces jugements stigmatisants. Vous les avez déjà entendus lorsque l'enseignant vous a convoqué pour signaler une attitude « tête en l'air » qui gêne le déroulement de la classe. Mais, puisqu'il vous faudra batailler contre ces opinions, ces modèles et les prises en charge qui en découlent, il est vraiment important que vous en connaissiez les principaux concepts et le vocabulaire qui y est associé. Saisir cet état des lieux, c'est éviter de se retrouver démuni devant l'injonction à faire tester votre enfant sans évaluer vraiment la situation. Mieux informé, mieux « armé » pourrait-on dire, vous serez à même de répondre avec calme et pertinence à vos interlocuteurs, de choisir de vous en remettre au bon spécialiste. En connaissance de cause. Et vous éviterez aussi de faire le tour des salles d'attente, inutilement.

Être dans ses pensées n'est pas un grave désordre

Il ne s'agit pas de réfuter que l'enfant lunaire ait sa manière bien à lui d'être au monde, ce qui perturbe parfois son entourage. Mais ce n'est en rien un grave désordre, une pathologie ou un handicap. Loin de nous l'idée de nier que des enfants ont des difficultés cognitives qui entravent leur parcours scolaire, leur capacité d'altérité et leur vie affective et sociale. Mais cela ne concerne qu'une infime proportion des enfants.

Ce qui pose question, ce sont les surdiagnostics qui pullulent, *pathologisent* les plus jeunes - dont les enfants rêveurs - ce qui est devenu une véritable question de santé publique. Dans ce chapitre, nous balayerons les principaux troubles infantiles qui vous seront présentés comme correspondant à votre enfant. Puis, nous essaierons de comprendre pourquoi l'institution scolaire en est arrivée à promouvoir - et donc valider - ces théories dominantes de symptômes infantiles tous azimuts. Dans notre société actuelle, tout parent y est un jour confronté. Enfin, nous ouvrirons grand les portes et les fenêtres pour un grand bol d'air, généreux et vivifiant : ce sera une invitation à partir à la rencontre de cet enfant qui va bien, avec sa drôle de présence et ses curieux paradoxes.

CES TROUBLES COGNITIFS QUI VOUS SONT SUGGÉRÉS

On n'« est » pas ceci ou cela : on « a » telle ou telle difficulté

Ce préambule est important pour accompagner sereinement votre enfant planant : ce que l'on dit d'un enfant, ce qu'il finit par croire être lui-même, peut être très réducteur et inhibant pour son avenir. La parole des grands, *a fortiori* ses parents, peut boucher l'horizon des petits. Un enfant n'« est » pas TDA/H, haut potentiel ou dyslexique. C'est plaquer là un symptôme sur son identité propre, comme de jeter un filet sur une proie. Je me souviens d'une enfant qui m'avait annoncé avec fierté : « Je suis haut potentiel. En fait, je suis 142. » Cela laisse très peu de marge de manœuvre à l'enfant et à sa famille pour distinguer des sentiers nouveaux dans un contexte en perpétuel changement !

Dire que l'enfant « a » des difficultés, des processus différents, est beaucoup plus intéressant, ouvert et innovant. La place que prend alors l'enseignant, le psy éventuel, est aussi beaucoup plus constructive, car à bonne distance. Cette manière de dire les choses s'applique à toutes les « pathologies » évoquées ci-dessous.

Des troubles et beaucoup de complexité

Il existe une grande variété de troubles de l'enfant auxquels vous pouvez être confrontés. Il s'en crée même de nouveaux chaque décennie. Cela entraîne une grande complexité tant en termes de définitions, de validation scientifique, que de protocoles d'aide modélisés. Vous trouverez un nombre phénoménal de livres sur ces pathologies, comme sur les controverses qu'elles entraînent. Il s'agit ici de vous apporter une information synthétique qui vous permettra de mieux piloter vos choix pour accompagner votre enfant.

Doté d'une curieuse gestion de l'attention, mais pas porteur de TDA/H

De quoi s'agit-il ?

« TDA/H », veut dire en français : Trouble de déficit de l'attention/ *(avec ou sans)* hyperactivité (ADA/H, en anglais). Comme le mentionne dès sa page d'accueil le site web de TDA/H France[13], « tout enfant turbulent n'est pas forcément hyperactif » ! Encore moins lorsqu'il est aussi calme qu'un enfant dans la lune ! Vous remarquerez que l'acronyme possède un « / » : du concept premier d'« hyperkynésie » (hyperactivité des fonctions motrices), le concept est passé au « déficit de l'attention »/*avec ou sans* hyperactivité. Nuance qui étale la définition et concerne, de fait, beaucoup plus d'enfants. C'est pourquoi le sujet a sans doute été abordé concernant votre petit rêveur ! Mais quelles sont les caractéristiques que les défenseurs de ce concept mettent en avant ?

Un enfant porteur d'un TDA/H ne peut pas rester en place, exprime une impulsivité permanente et ne supporte pas les situations d'attente. Selon le site de la Sécurité sociale, Ameli.fr « plus de la moitié des enfants présentant un TDA/H ont des troubles associés qui perturbent également les apprentissages scolaires et la vie collective » :

- une conduite d'opposition (contestation, agressivité, colère, non-respect des règles sociales) ;
- des troubles du sommeil (insomnies, réveils nocturnes) ;
- des troubles du langage écrit (dyslexie, dysgraphie ou dyspraxie [*cf.* La constellation page 76]) ;
- des troubles du langage oral ;
- une anxiété ou une dépression ;
- des tics ;
- une énurésie [faire pipi au lit] ;
- un syndrome des jambes sans repos.

En résumé, l'enfant a du mal à se concentrer - et même à se centrer -, ne parvient pas à être attentif et bute sur des tâches simples.

13. www.tdah-france.fr

Ce qu'il faut savoir du débat

Le TDA/H est un sujet clivant : il y a, d'une part, les médecins prescripteurs et les associations de parents d'enfants dits TDA/H. La Sécurité sociale a elle-même reconnu le trouble qu'elle prend en partie en charge. D'autre part s'élève un nombre croissant de scientifiques, biologistes, psychiatres qui s'insurgent, dénonçant de plus en plus le fait que les tenants du TDA/H accaparent leurs recherches fondamentales en neurologie, en biologie, en psychiatrie notamment, à des fins de justification d'un concept qu'ils jugent flou. En effet, il n'existe pas d'études étiologiques (sur les causes) qui fassent consensus, ni de tests biologiques ou / voire radiologiques pour évaluer le TDA/H. Le diagnostic s'établit sur la base d'une évaluation clinique approfondie (observations et tests). La Haute Autorité de santé (HAS) reconnaît elle-même que *« l'étiologie précise de ce syndrome est inconnue et (qu') il n'existe pas de test diagnostic unique. Pour un diagnostic approprié, il est nécessaire d'utiliser des informations d'ordre médical, éducatif, social et psychologique*[14] ». Tout le monde s'accorde à considérer que seule une approche pluridisciplinaire permet d'envisager une prise en charge.

TDA/H en France versus aux États-Unis

Aux États-Unis, les enfants TDA/H sont mis sous Ritaline©, un psychostimulant proche de l'amphétamine (Méthylphénidate), qui régulerait le TDA/H. Ces prescriptions qui devaient être à l'origine très encadrées ont fini par devenir courantes : 10 à 15 % des enfants américains en prennent ! En France, seuls les cas les plus sévères sont ainsi traités dans un cadre hospitalier, car la Ritaline© est inscrite au tableau des stupéfiants. Cependant, les chiffres s'envolent : selon l'Agence nationale de surveillance du médicament (ASM), les prescriptions ont augmenté de 27 % entre 2016 et 2017. Cette agence nationale a mis en place un suivi spécifique de pharmacovigilance, car les effets secondaires existent : neuropsychiatriques, cardiovasculaires, perte de poids, retard de croissance, immaturité sexuelle...

14. HAS, www.has-sante.fr : Commission de la transparence - Avis du 3 juin 2015.

Et l'enfant dans la lune ?

J'ai détaillé sciemment les questions que suscite le concept de TDA/H, car vous constaterez qu'à la suite de cette rapide présentation vous êtes mieux à même d'échanger sur le sujet. En effet, quand vous évoquez les attitudes peu conventionnelles de votre petit lunaire - dans un dîner, une réunion de parents, avec des collègues -, vous avez invariablement droit à cette remarque : « Oh ! ça, c'est un trouble de l'attention... Il doit être TDA/H ! Il serait temps que tu la/le fasses tester ». Vos interlocuteurs n'ont pas la moindre formation en la matière, mais ils ont lu un article, connu des amis avec un enfant « pareil », vu un documentaire à la télé. C'est, selon le dicton populaire, « l'homme qui a vu l'homme qui a vu l'ours ». De la rumeur, pas forcément une information rationnelle, documentée, ni vérifiée.

Face à ces évaluations intempestives, vous avez manqué d'arguments. Et pour tout parent, se sentir démuni pour défendre son enfant provoque une profonde amertume. Vous allez devoir lutter sur cette question, car vous serez sommé par les uns, par les autres, de consulter pour soupçon d'un TDA/H pas encore pris en charge. Il vous sera suggéré qu'en n'obtempérant pas vous seriez négligent. Vous savez maintenant faire la part des choses. Certes, un enfant dans la lune présente des problèmes d'attention, mais qui sont très spécifiques, ce que nous découvrirons dans les chapitres suivants. Mais non, il n'entre pas dans le spectre du TDA/H tel qu'on le présente.

TÉMOIGNAGE DE NADINE, MAMAN INTERNAUTE

« Je me demande... si à 5 ans,
on n'aurait pas le droit d'être dans la lune ? »

« Mon garçon de 5 ans est en maternelle. Il est souvent dans la lune ! En fait, je peux lui donner son assiette et lui répéter 2 ou 3 fois qu'il peut manger, car sinon il continue de planer, de jouer avec la nappe,

un bouchon... Il est très créatif, adore chanter, danser et surtout dessiner ! Il aime jouer avec ses personnages et inventer des histoires. Dans la classe, l'enseignant me parle de possibilité de TDA/H, qu'il doit souvent s'assurer qu'en groupe il a capté les consignes. Parfois, si l'enseignant demande aux enfants d'aller chercher leur sac d'école, il peut s'arrêter en chemin, contempler quelque chose et oublier ce qu'il devait faire. L'enseignant lui demande souvent ce qu'il est en train de faire, alors mon fils se fige, ne répond rien. Toutefois, il sait lire et écrire et il adore ça, il reste longuement absorbé par ce qu'il aime. Difficile de définir où son comportement est pathologique et si on n'a pas juste affaire à un jeune garçon de 5 ans. Il a beaucoup d'amis, aucune agressivité ni impulsivité, mais une grande sensibilité. Il est heureux, bien dans sa peau et, oui, un peu différent, mais adorable... (bon, OK, c'est mon fils, je ne suis pas très objective...) Voilà, je ne sais trop que penser. Je me demande si le système est vraiment adapté, si à 5 ans on n'aurait pas le droit d'être dans la lune ? Est-ce si grave ?»

Certains testés « haut potentiel », mais vraiment pas tous

De quoi s'agit-il ?

Le terme de « surdoué » est désormais remplacé par celui de « haut potentiel ». Il s'agit d'une « dyssynchronie », selon le terme créé par le psychologue clinicien Jean-Charles Terrassier, qui se formalise par un esprit plus mature que l'âge biologique de l'enfant. Leur développement intellectuel est plus intense et plus complexe que celui de leurs pairs, alors que leur affectivité et leur motricité sont dites « normales ». Ce sont donc des enfants différents, souvent décalés par rapport à leurs petits camarades et peu en phase avec la normalité de l'Éducation nationale. Mais les progrès dans la prise en charge par les enseignants ont été remarquables depuis plus de vingt ans.

« Surdoué », « haut potentiel » sont des termes qui ont sans doute nui à la cause défendue. Ce n'est pas être supérieur ou encore « plus que doué » que d'être dit haut potentiel.

Ce qu'il faut savoir du débat

Les psychologues de l'enfance, tout au long du XXe siècle, les neurosciences plus récemment, ont mis en exergue la grande diversité des modes de pensée et d'intelligence de l'humain. Le psychologue Howard Gardner[15], auteur des *Intelligences multiples* en est l'un des défenseurs contemporains les plus célèbres. L'intelligence est un domaine d'une grande complexité qui ne se réduit pas au cerveau, mais engage toute notre corporéité en interaction avec les contextes au sein desquels nous évoluons. Un test réalisé à 7 ans n'a pas de valeur réelle une fois que l'enfant est parvenu à l'âge de 10 ans ou 15 ans. Or, très peu de jeunes repassent le test de Q.I. plusieurs années après leur première évaluation. Ce qui fait que l'on s'appuie sur les résultats d'un test effectué à 7 ans pour accompagner un adolescent de 14 ans. Il existe pourtant des probabilités pour que ce dernier soit revenu dans la cohorte générale de sa classe d'âge. Cela ne remet pas en question le recours au test psychométrique (dit WISC V [5][16]/2016) actuellement en vigueur. Votre médecin traitant ou votre pédiatre peut vous accompagner dans cette démarche.

TÉMOIGNAGE D'AUDREY, MAMAN INTERNAUTE

Faire un test ou pas? Et pour quel accompagnement?

« Bonjour. Je vous écris, car j'ai un garçon de 9 ans dont le corps est en CM2 et la tête à des années-lumière de la Terre. C'est un enfant charmant avec les adultes, mais il n'a pas de copains ; il aime aller à l'école, mais

15. Howard Gardner, *Les Intelligences multiples*, éditions Retz, 2008.

16. Le ***Wechsler Intelligence Scale for Children*** ou **WISC** est un test de quotient intellectuel développé en 1949 par David Wechsler pour les enfants de 6 ans à 16 ans et 11 mois. La version 5 (WISC V) est parue en octobre 2016.

la maîtresse le trouve lent et dans la lune. Il est brillant à l'oral, mais à l'écrit, c'est la catastrophe.

À la maison, même constat. Il faut répéter 4 ou 5 fois pour qu'il mette son manteau, il s'habille systématiquement à l'envers : au point qu'il peut avoir la capuche de son gilet sous le menton sans que cela le dérange. Mon fils étant très vif intellectuellement, et sur conseil de son instit, il a passé un test de Q.I. Sans nous donner le chiffre, le psychologue nous a dit qu'il était à la limite entre "très doué" et "surdoué". Cela ne nous avance pas, nous ne savons toujours pas comment l'aider à l'école. Il décroche sans cesse quand il est en cours, il rêvasse, alors qu'il est capable de concentration (quand il joue ou qu'il lit, il ne nous entend plus du tout). Nous avons pensé un temps lui faire sauter une classe, car il comprend très bien et est intéressé par des matières qu'il n'abordera pas avant plusieurs années (sciences) et qu'il s'entend mieux avec les ados qu'avec les enfants de son âge, mais il est trop lent à l'écrit. Il n'arrive pas à rester "sur Terre". Ce qui est drôle, c'est qu'il est passionné par l'espace... »

Un test WISC V ? oui, mais pas par n'importe qui !
Sachez que ce test ne se réduit pas à un chiffre ! Soyez prévenu, il existe un vrai «business» dans le domaine des tests de Q.I. (quotient intellectuel) : des tests proposés aux familles à 300 € sans analyse écrite, cela existe ! Il est donc préférable de consulter l'équipe enseignante et de s'adresser à l'une des associations agréées par l'Éducation nationale : l'AFEP ou l'ANPEIP[17]. Celles-ci peuvent vous transmettre les coordonnées d'un consultant compétent près de chez vous.

17. AFEP, Association des familles pour les enfants précoces : http://www.afep-asso.fr/ ANPEIP : Association nationale pour les enfants intellectuellement précoces : http://www.anpeip.org.

Et l'enfant dans la lune ?

S'il existe bel et bien des enfants dits « haut potentiel » qui sont des rêveurs, tous les lunaires, tant s'en faut, ne sont pas « surdoués ». Mais force est de constater qu'ils ont en commun une appétence pour les questions existentielles, le goût de la lecture, peu d'attrait envers leurs pairs, un côté peu habile, du moins à première vue.

Apportons néanmoins cette précision : les enfants qui sont facilement distraits du contexte dans lequel ils grandissent (mais en sont-ils si distraits, d'ailleurs ?) et qui échafaudent dans leur tête dès le plus jeune âge, acquièrent de fait une vélocité mentale et développent une capacité associative de haut niveau. Sont-ils pour cela des « surdoués » ? Pas sûr. Il n'en reste pas moins que faire passer un test de précocité peut être une piste intéressante, si vous l'envisagez comme une source d'informations pour « accompagner » votre enfant, et non pour l'enfermer dans un statut.

La constellation des dys

Dans la famille des dys, je demande : la dyslexie (l'ancêtre), la dyscalculie, la dysorthographie et la petite dernière médiatisée, la dyspraxie. Nous ne ferons pas le tour de cette abondante constellation, mais nous retiendrons les deux dys auxquels vous serez le plus fréquemment exposé concernant votre enfant rêveur, allant jusqu'à vous entendre dire qu'il serait urgent de consulter.

Une constatation : pratiquement jamais dyslexique

De quoi s'agit-il ?

Selon la Fédération française des dys, la dyslexie est une « altération spécifique et significative de la lecture »... Ne pas pouvoir lire correctement sa langue maternelle (*a priori*, ne pas pouvoir accéder à d'autres langues) est source d'exclusion et de difficultés. Les problèmes scolaires sont évidents, en matière de compréhension des textes, des énoncés mathématiques, mais aussi de confiance en soi, de gestion des cahiers de texte... Devant cette inaccessibilité à la lecture fluide, beaucoup d'enfants dyslexiques abandonnent vite l'univers des livres et de la lecture. Le corollaire à la dyslexie (lecture) est la dyspraxie (geste, donc écriture) que nous aborderons à la suite.

L'article L. 321-4 du code de l'Éducation (2013) précise que « des aménagements particuliers et des actions de soutien sont prévus au profit des élèves, notamment les élèves atteints de troubles spécifiques du langage oral et/ou écrit, telle la dyslexie. Lorsque ces difficultés sont graves et permanentes, les élèves reçoivent un enseignement adapté ».

Ce qu'il faut savoir du débat

Pour Colette Ouzilou[18], orthophoniste qui a levé le tabou dès 2001 dans son livre « Dyslexie, la vraie-fausse épidémie », parmi les 20 % d'enfants diagnostiqués dyslexiques en primaire, seuls 1 à 2 % le sont réellement. Selon cette véritable lanceuse d'alerte, cette « épidémie » de dyslexie est à mettre en miroir avec la mise en place de méthodes d'apprentissage de la lecture. Pour ne pas remettre en question les méthodes, les parents sont incités à pathologiser leur enfant et pour certains à chercher à le faire reconnaître comme porteur de handicap ! La dyslexie existe, bien évidemment, mais pas dans les proportions exponentielles dont on parle actuellement.

Et l'enfant dans la lune ?

Son manque d'écoute des consignes peut faire penser à certains enseignants que votre enfant aurait ce type de dysfonctionnement. Mais c'est bien souvent une confusion avec la lenteur et les blancs d'attention qu'il manifeste en restant dans sa bulle. Il a la moitié de la consigne

18. Colette Ouzilou, *Dyslexique... vraiment ? Et si l'on soignait l'école ?*, Albin Michel 2014.

ou bien, le temps d'écrire un « m » et de rester fasciné par la forme de cette lettre, il est parti dans une histoire de pont que des personnages traversent ! De par son goût pour la lecture, l'enfant lunaire est de fait rarement dyslexique. Sa manière d'incorporer des lettres, des syllabes, des mots, des phrases est aisée. Il construit très tôt des discours, des récits qui font de lui un gymnaste des mots. Soyez donc très à l'aise envers un tel diagnostic, bien éloigné de la réalité de votre lunaire !

Et vraiment pas dyspraxique non plus

De quoi s'agit-il ?

À l'heure où les grandes entreprises multiplient les ateliers de « makers » (fabricants) et autres « doers » (« faiseurs »), nos enfants seraient victimes d'un nouveau fléau : la dyspraxie. L'engouement pour ce trouble laisse tout de même songeur. Il semble avoir pris son envol médiatique en même temps que l'apparition des écrans dès le berceau. Mais de quoi s'agit-il ? La dyspraxie *(du grec « praxis »*, la pratique) est décrite comme un trouble psychomoteur du schéma corporel, du geste fin. Selon l'INSERM[19], environ 5 à 7 % des enfants de 5 à 11 ans seraient dyspraxiques.

Ce qu'il faut savoir du débat

La dyspraxie a envahi la sphère de l'éducation depuis quelques années. Durant votre enfance, celle de vos parents ou de vos grands-parents, personne n'avait remarqué que 5 % à 7 % de la population étaient alors atteints de ce mal. Si, là encore, une infime partie de la population enfantine peut avoir des soucis de coordination, c'est tout de même souvent dû à une immaturité kinesthésique[20] et parfois, il faut bien le dire, à l'éducation familiale des premiers mois.

19. www.inserm.fr, https://bit.ly/2BYS25E.

20. **Kinésthésie** : perception de l'équilibre et de la position des différentes parties du corps, ce qui s'élabore au cours de l'enfance et de l'adolescence et se trouve nourri par les stimulations éducatives et plus largement par l'environnement.

Osons mettre en parallèle l'accès des 12/18 mois aux tablettes et aux smartphones de leurs parents. Il n'est pas insensé d'avancer que le schéma corporel et intellectuel de ces tout-petits soit peu structuré, dépourvu d'expériences tactiles qui, à cet âge, développent les synapses du cerveau. Cette pauvreté mentale et globale que la psychanalyste Sophie Marinopoulos[21] a appelée dans un récent rapport « la malnutrition culturelle ».

Et l'enfant dans la lune ?

Cette question est importante, car vous vous l'êtes posée à la maison et le maître ou la maîtresse vous en a certainement aussi parlé. On peut avancer qu'il n'est pratiquement jamais dyspraxique, à quelques exceptions près sans doute. Il faut cependant apporter quelques précisions. Rappelons-nous qu'il est un grand réfractaire aux consignes. En famille, c'est la plaie pour lui faire mettre son manteau ou lacer ses chaussures. Faire sur la commande d'autrui le braque souvent, ce qui le rend peu productif en société. Mais il « sait » le faire. S'il est parfois maladroit, c'est que l'exercice l'ennuie et surtout qu'il pense « à autre chose ». En quelques séances de centration sur le protocole du nouage de lacets, il saura l'accomplir. Il est certain que beaucoup d'adultes qui le côtoient penseront qu'il n'est pas très manuel. Vous, à la maison, voyez bien qu'il est tout à fait à l'aise avec des briques Legos ou des Kapla, qu'il dessine beaucoup, et même qu'il se lance parfois dans la musique. Il va jusqu'à tenter de construire les machines auxquelles il aura pensé. Mais il se peut bien qu'il les cache dans sa chambre comme un secret personnel. Faire sur commande, très peu pour lui. Faire par soi-même et pour lui-même, tout seul dans son coin, c'est son quotidien.

21. Sophie Marinopoulos, *Rapport sur l'éveil culturel et artistique du petit enfant*, remis le 4 juin 2019 à Franck Riester, ministre de la Culture.

VOUS PARENT, LA SOCIÉTÉ… ET VOTRE ENFANT AU MILIEU !

Le fait que votre enfant soit dans sa bulle vous semble une question familiale, intime, particulière. Avec la scolarisation, vous découvrez que son attitude planante est un sujet éminemment social. Cela bute sur la logique des autres, les terriens. Voici donc quelques pistes de réflexion pour vous aider à y voir plus clair. Car votre rôle de parent, s'il est éminemment personnel, s'inscrit également dans la société où vous évoluez, avec ses représentations, ses valeurs et ses interlocuteurs.

Ce que l'exploration des troubles des enfants nous apprend

Toutes ces pathologies qui ont fleuri au XXe siècle et s'intensifient depuis vingt ans posent toujours la même question statistique et méthodologique : y a-t-il plus d'enfants atteints ou bien sait-on simplement mieux les diagnostiquer ? Mais aussi : ne sommes-nous pas entrés dans une société de contrôle qui refuse qu'un enfant (mais aussi toute personne) ait sa manière bien à lui, d'être au monde (d'être dans ses rêves) parce qu'il y trouve son équilibre ?

Le pouvoir du DSM et son utilisation tendancieuse

À la source des oppositions à tous ces diagnostics d'enfants, il y a la remise en cause des préconisations du *Manuel diagnostique et statistique des troubles mentaux* (DSM) édité par l'Association américaine de psychiatrie (APA). Officiellement créé pour la recherche pharmacologique, il est désormais un outil de référence mondial, un étalonnage américain des normes mentales, déployé sur la planète. Nous en sommes à la version DSM 5 (2013). Dans les années 60, le DSM comportait une soixantaine de pathologies. La version 5 en comporte plus de 400 ! En baissant les « seuils d'inclusion » (là où l'on considère que c'est pathologique), on multiplie par conséquent le nombre de personnes atteintes et susceptibles d'être médicamentées. Les tenants du TDA/H ou des dys sont confortés par cette inscription au DSM 5. Ses détracteurs en dénoncent le règne de l'athéorisme[22], c'est-à-dire une posture qui reconnaît moins des preuves scientifiques consolidées et diffusées par des publications officielles qu'un faisceau d'observations de praticiens, ce qu'est de fait le DSM 5. Il en découle des modalités interprétatives, souvent exprimées au conditionnel et très éloignées de la démarche scientifique fondamentale.

Pour aller plus loin. Vous pouvez compléter votre lecture en lisant les contenus publiés par le collectif de psychiatres et de psychanalystes « Stop DSM » sur ce site : www.stop-dsm.com.

Du trouble à la pathologie, de la pathologie au handicap

La montée en puissance des diagnostics sous l'ombrelle du DSM a été particulièrement confortée en France par la promulgation de la loi sur « l'égalité des droits et des chances, la participation et la citoyenneté des personnes handicapées ». Si cette loi a considérablement amélioré l'intégration des enfants porteurs de handicaps à l'école, elle a aussi été le socle d'une autre réalité. La demande de certains parents de faire « homologuer » le trouble diagnostiqué de leur enfant comme un handicap, via les Maisons du handicap, présentes dans chaque département. Cette reconnaissance entraînant une prise en charge, un parcours scolaire personnalisé, la présence d'une AVS (assistante de vie scolaire), un ordinateur en classe... C'est évidemment tout à l'autre bout du spectre de la situation de votre enfant. Mais puisqu'il vous sera demandé de faire des tests, autant avoir en tête cette hystérisation de la différence que ces dérives comportent.

22. **Athéorisme** : qui ne s'appuie pas sur des théories scientifiques prouvées et publiées, mais sur un faisceau de constatations empiriques.

Dr Jean-Philippe Raynaud, professeur de psychiatrie de l'enfant et de l'adolescent, chef de service au CHU de Toulouse
«Le concept de handicap a progressivement reçu une définition de plus en plus large et celui de "handicap psychique" est apparu récemment en France. Or, nommer une difficulté – trouble, symptôme, déficience, handicap, multi ou polyhandicap, maladie psychique – n'est pas neutre pour les professionnels, les enfants, les adolescents en difficulté et leurs proches[23].»

PAROLE D'EXPERTS

L'école, première prescriptrice de diagnostics

À la première convocation du maître ou de la maîtresse qui vous a fait comprendre que votre Zébulon devrait quand même être un peu plus présent en classe, vous avez fait comme tous les parents : vous vous êtes contracté! L'enseignant, qui est dans son rôle, vous place dans une situation inédite : pour la première fois, quelqu'un porte un regard (et un jugement) sur votre enfant. Vous êtes devenu un parent en société, avec l'inquiétude de la «réussite scolaire», la peur de prendre du retard, etc. Toutefois, ce qui vous a été dit ne vous a pas étonné : c'est ce que vous aviez déjà remarqué à la maison!

Ce qui va vous perturber - à la deuxième ou troisième convocation -, c'est que, loin d'envisager des solutions pragmatiques, il vous sera opposé une présomption de trouble (donc de diagnostic). Comment l'institution scolaire en est-elle arrivée à devenir à ce point prescriptrice de tests? Il ne s'agit pas ici de stigmatiser les enseignants qui font «avec» le cadre qui leur est donné, la formation qui leur est destinée, le vécu de leur classe qu'ils subissent parfois. De nombreux enseignants tentent de travailler en mode projet et pratiquent avec

23. Dr Jean-Philippe Raynaud, [al] *Psychopathologie et handicap de l'enfant et de l'adolescent. Approches cliniques*, éditions Erès, 2013.

brio l'interdisciplinarité. Mais peu sont formés à la psychologie de l'enfant, à la programmation neurolinguistique (PNL), à la théorie de l'esprit... et à l'exact contenu des troubles cognitifs de l'enfant.

Selon l'enquête Talis, sous l'égide de l'OCDE (2018), «seul un tiers des enseignants français ont bénéficié d'une formation à l'enseignement des élèves ayant des besoins éducatifs particuliers, contre plus de la moitié de leurs collègues en Angleterre, en Espagne ou en Flandre. Sans surprise, près d'un enseignant français sur deux exprime un besoin élevé en formation pour ce type d'enseignement[24]».

L'Éducation nationale : l'uniformisation contenue dans son histoire

Même si les équipes pédagogiques expérimentent sur le terrain de nouvelles approches pédagogiques, l'école en tant qu'institution propose un cadre d'enseignement dont les paramètres ne sont pas si éloignés que cela des années 1970 et que l'on peut résumer ainsi : un enseignant face à 24 élèves en primaire, jusqu'à 30 en collège, placés en rangs, priés de ne pas parler, mais d'écouter jusqu'à sept heures par jour des cours d'une heure (l'attention des petits ne dépasse pas 20 minutes d'affilée !) à écrire à la main, etc., sans oublier les heures de devoirs à la maison. Avec l'idée majeure que l'institution est garante des savoirs et que les enfants doivent intégrer ce système sans alternative. Un goût prononcé pour les savoirs encyclopédiques, sans transversalité, renforce l'idée que plus on en apprend, mieux c'est. La coopération, l'approche créative de solutions, l'exploration en terrain inconnu, l'échec bien assumé y ont encore trop peu de place. Pour ce qui est de la France, cela vient beaucoup de notre histoire... Celle de la Révolution française qui a posé comme fondement l'unité de la nation en bannis-

24. Enquête Talis, 2018, *Une enquête inédite du métier de professeur des écoles* - https://bit.ly/31Ma30Q.

sant les différences, les langues régionales, par exemple, pendant que dans la foulée l'expansion coloniale cherchait à amoindrir les dialectes lointains, en valorisant une francophonie très uniformisée.

La prise en charge de la différence - des différences - est un défi complexe pour les enseignants qui se sentent mal formés dans ce domaine (enquête Talis[25]). L'institution ne sait pas répondre de manière agile, plurielle et inventive à ces diverses manières d'investir le monde et d'y prendre sa place. Pendant ce temps-là, la cocréation, la créativité en start-up, les MOOC, la pratique de la classe inversée, les tutoriels vidéo, le coaching explosent sur le net et transforment notre manière d'être, d'apprendre tout au long de la vie, de créer et de faire ensemble. L'école dans les pays occidentaux (Scandinavie exceptée) a encore à se réformer pour correspondre à la société dont elle est censée faire grandir les enfants.

Alors, ça doit venir de l'enfant...

Des parents qui interrogent peu leur manière d'éduquer, des enseignants qui s'en tiennent à leurs méthodes, confortés par les directives de l'Éducation nationale : si l'enfant ne s'adapte pas au parcours scolaire... ce sont rarement les adultes qui se remettent en cause et cherchent à modifier, adapter leur organisation. Donc, en toute logique, ça doit venir de l'enfant qui n'est pas « dans le moule » et « pose problème ». L'enfant qui devrait être le centre de notre attention éducative devient un disjoncteur ! Et comme il ne s'agit pas de le culpabiliser - fort heureusement -, on en arrive à l'idée que ce doit être un trouble, une déficience, un handicap ; quelque chose dans le cerveau qui s'allume mal.

C'est la notion d'attention, qui elle-même a changé !

Lorsqu'on aborde la question de l'attention, c'est toute notre société qui doit se remettre en question. Dans un très beau livre sur « l'éco-

25. Enquête Talis, 2018, *Une enquête inédite du métier de professeur des écoles* - https://bit.ly/31Ma30Q.

logie de l'attention», Yves Citton[26], professeur de littérature et médias à l'université Paris 8, pointe du doigt cette situation paradoxale : alors que nous déplorons le manque d'attention de nos enfants, ne pourrions-nous pas plutôt regarder en face ce nouveau tsunami, ce déferlement d'informations qui pollue nos esprits et nous empêche de conduire une «saine attention» : à ce qu'on fait, aux autres, au contexte de notre vie?

Dans les dernières décennies, une certaine «économie de l'attention» a effectué un renversement de valeurs : ce ne sont plus les produits et services qui sont rares. Leur production n'a jamais été plus dense. C'est l'attention des consommateurs qui est devenue l'unité de valeur. La société médiatisée se fonde donc sur le postulat que l'attention du citoyen est devenue une denrée, évaluée quantitativement et qualitativement. Le marketing décomplexé a pour objectif premier de capter (et si possible capturer) notre attention. Il analyse nos datas comme autant de traces attentionnelles de nos envies, de nos goûts, de nos déplacements, de nos opinions politiques, bref de notre vie. Flotter, penser à autre chose, imaginer à partir de ses propres émergences est évidemment assez disqualifié dans un tel contexte.

Jonathan Crary, essayiste, professeur d'histoire de l'art et d'esthétique à l'université de Columbia, à New York (USA)
«Il y a maintenant très peu d'interludes significatifs de l'existence humaine (à l'exception colossale du sommeil) qui n'ont pas été pénétrés et repris en tant que temps de travail, temps de consommation ou temps de marketing[27].»

PAROLE D'EXPERTS

26. Yves Citton, *Pour une écologie de l'attention*, Seuil, 2014.
27. Johnathan Crary, *24/7, Le capitalisme à l'assaut du sommeil*, éditions La Découverte, 2016.

ET SI VOTRE PLACE ÉTAIT PLUS ENTHOUSIASMANTE QUE TOUT ÇA ?

Tout ce que vous venez de lire dans ce chapitre vous a mis « à niveau » avec le contexte dans lequel vous évoluez, quand les inattentions de votre enfant sont pointées du doigt. Nous détaillerons dans la partie 3 des solutions, auxquelles il vous arrivera peut-être ponctuellement de recourir à l'aide de praticiens de la petite enfance. Loin ici d'en réfuter la pertinence. Mais le diagnostic, l'entrée dans le cercle des consultations permanentes (certains enfants vont jusqu'à avoir « vu » une vingtaine de spécialistes durant leur enfance et leur adolescence !), tout cela mérite un peu de calme et de pondération.

Tout ce livre tend à le démontrer et à dessiner pour vous et votre enfant des chemins à construire ensemble. Il s'agit de ne pas s'enfermer dans un déterminisme terriblement réducteur. Rien n'est figé dans la vie, et moins encore au cours des premières années. Faisons au contraire de la place à tous les « possibles » qui forment l'une des beautés de l'enfance !

À RETENIR

- De nombreuses pathologies vous sont présentées qui ne correspondent pas à votre enfant.
- TDA/H, dyslexie, dyspraxie, vous êtes convaincus que ce n'est pas sa situation.
- Être dans la lune n'est pas un trouble et encore moins un handicap.

« Être dans la lune »

en espagnol

Estar en babia

PARTIE 2

QUELQUES NOTIONS DE BASE AVANT DE VOUS LANCER

« Enfant, certains ciels ont affiné mon optique[28]. »

28. Arthur Rimbaud, *Les Illuminations*, 1886.

«La flânerie de l'esprit a parfois mauvaise presse, car elle n'est pas quantifiable[29]*.»*

Dans cette deuxième partie, nous allons aborder certaines notions que la vulgarisation des neurosciences a parfois tendance à médiatiser un peu rapidement. Ces explications qui cherchent à expliciter ce que la science travaille en mode complexe n'est pas sans créer des raccourcis biaisés. Loin de s'éloigner des questions touchant aux enfants rêveurs, cela nous permettra de bien situer les enjeux pour soi, pour ses enfants et pour toute la société. Comme, par exemple, de savoir si la biologie prime sur l'environnement, ce qui a de vraies répercussions sur ce qu'on pense en matière d'éducation et d'accompagnement de son enfant.

Nous ferons ensuite un bref tour d'horizon de ce que l'on entend par « attention », ses différentes modalités et les spécificités attentionnelles des enfants dans la lune. Ceci étant clarifié, nous pourrons mieux comprendre comment les enfants qui aiment à résider dans leur bulle opèrent pour être des petites personnes douées d'attention, mais qui décidément ne procèdent pas comme la plupart d'entre nous.

Ainsi mieux informés, il vous sera plus simple d'engager les actions à mettre en œuvre pour accompagner votre enfant. Il n'est pas question de vous transformer en expert, mais de vous fournir quelques clefs pour que votre éducation parentale puisse être concrète, respectueuse de votre enfant et responsable quant à l'avenir de son parcours.

29. Marine de Royer, réalisatrice, interview *Psychologie Magazine*, mai/juin 2018.

CHAPITRE I

NEUROSCIENCES : OÙ EST PASSÉE L'ÉMERGENCE ?

En tant que citoyens, considérés comme le « grand public », vous êtes soumis à beaucoup d'informations sur les neurosciences, telles qu'elles se sont installées dans le paysage médiatique actuel. Il est évident que les avancées passionnantes concernant ce domaine, au cours des dernières décennies, ont fortement modifié la compréhension du système neuronal et des fonctions cognitives. Bien que les scientifiques de ces domaines investissent désormais le champ des émotions, de la conscience, il reste que la vulgarisation qui vous est proposée réduit bien souvent ces recherches à une promotion très fonctionnaliste du cerveau. On peut s'inquiéter parfois du réductionnisme ambiant, diffusé à grand renfort de démonstrations généralistes qui consistent à tout expliquer par le prisme de ces fonctions et à restreindre la pensée, l'esprit, à « ce qu'il peut bien y avoir dans la boîte » (crânienne). Il sera bon de questionner et d'apporter un autre regard, parfois plus humaniste. Vous pourrez ainsi découvrir des chemins de compréhension et d'action beaucoup plus ouverts. Dans la mesure où les premiers jugements qui vous seront adressés concernant votre petit lunaire sont souvent justifiés par des allégations neuroscientifiques, il est important que vous soyez bien documenté.

LES NEUROSCIENCES : PARTOUT, ET À TOUTES LES SAUCES !

Vous le constatez vous-même tous les jours : le préfixe « neuro » a envahi notre quotidien. Les neurosciences sont devenues l'alpha et l'oméga de toute exploration de l'humain. Les déclinaisons sont infinies : neuromarketing, neuromanagement et, bien sûr, neuroéducation. Le grand public n'y comprend souvent pas grand chose, ayant perdu en cours de route son vieux bagage de SVT dispensé au collège. Les enseignants sont valorisés à se former à ces principes, sans toujours en maîtriser toutes les dimensions. Ainsi, c'est parfois la voie ouverte à des interprétations hasardeuses, assez catastrophiques quand elles s'appliquent aux enfants.

James J. Gibson, psychologue, théoricien de l'approche écologique de la perception visuelle
"Ask not what's inside your head, but in what your head's inside of."
« Ne vous demandez pas ce qu'il y a dans votre tête, mais dans quoi votre tête se trouve-t-elle[30] ? »

PAROLE D'EXPERTS

Quand la vulgarisation ose des biais

Je voudrais ainsi vous alerter d'un biais souvent posé dans la vulgarisation actuelle des neurosciences. Celles-ci vous sont présentées comme étant la voie d'explication à nos comportements, en y ajoutant une bonne dose de prédictions quand il s'agit de nos enfants. Sous couvert de vous informer, il s'agit de circonvenir un supposé état des connaissances à la seule lecture du système

30. James J. Gibson, *Perceiving, acting, and knowing*, Shaw & Bransford editions, 1977.

neuronal, des fonctions du cerveau considérées comme un bloc moteur, une fonction centrale. Les auteurs revendiquent d'ailleurs une dynamique computationnelle[31], c'est-à-dire une métaphore qui assimile le cerveau aux fonctions logicielles de l'ordinateur dans son mode binaire : une émission/une réception ; une réception/une réponse. Ces démonstrations s'appuient, posées en preuves, sur des images phénoménales, celles que produit l'imagerie cérébrale via la technique des IRM. La recherche fondamentale reconnaît pourtant que ces images servies au grand public sont beaucoup plus complexes à lire et à interpréter que les clichés qui paraissent dans la presse !

Des explications aux conséquences sociétales

Ces courants des neurosciences qui se revendiquent d'une logique computationnelle au nom d'un certain connexionnisme (neuronal) induisent deux conséquences sociétales qui nous impactent en pratique (en tant que parents et citoyens) mais aussi symboliquement :

— d'une part, elles induisent une dimension binaire, sur le mode : « ça fonctionne/ça ne fonctionne pas », ou « ça s'allume/ça ne s'allume pas », entrée-sortie, sorte de vaste chasse pour capturer le cerveau pensant qui peut justifier toutes les interprétations, prédictions et pathologisations (conforme/pas conforme) ;

— d'autre part, elles conduisent à des injonctions d'optimisation qui sont désormais incluses dans les directives scolaires : « telle région du cerveau est l'aire de la lecture, donc... » Ce qui ne dit rien de la qualité de l'apprentissage ni de l'expérience de la lecture de la personne (Cf page 76 sur la dyslexie). Ou encore que

31. La théorie computationnelle de l'esprit (TCE) a été fondée par Jerry Fodor dans les années 1970. Modèle standard en sciences cognitives durant plusieurs décennies, elle suppose que l'esprit humain fonctionne comme une machine logique, un ordinateur. Cette théorie, remise en cause par son fondateur lui-même, reste cependant en vigueur dans nombre de travaux actuels, à la faveur des avancées de l'intelligence artificielle.

telle ou telle partie du cerveau serait entravée dans sa maturation par une éducation parentale inattentionnée ! Qu'en est-il alors de l'incorporation de l'expérience, de l'environnement de cette expérience, du sensoriel si fort chez l'enfant, de la mémoire ou encore du sentiment émergent de ne pas être bien aimé ? Quelle prise en compte du temps, si différent d'un enfant à l'autre, pour sa maturité ? Quelle prise en exploration des représentations qu'a l'enfant de lui-même dans le monde ? Cette vision de certains courants des neurosciences n'aborde pas la complexité du devenir de l'être et n'intègre pas esprit et corps en une même énergie holistique (constituant un tout). L'esprit y serait donc dans la tête, ce qui est très réducteur ! À mon sens, l'une des meilleures analyses actuelles de cette situation où évoluent les neurosciences et qui nécessairement nous impacte est consultable sur Internet sous la plume de la journaliste Béatrice Krammerer[32].

La biologie versus l'environnement

La convocation systématique de la biologie éclaire la situation : la tentation d'expliquer le comportement par une causalité biologique et héréditaire n'est pas nouvelle. Dans les vingt dernières années, des auteurs ont sérieusement publié des articles sur le gène de la criminalité, le gène du guerrier, le gène de l'intelligence ou de la délinquance, etc. Si la recherche fondamentale en biologie, et plus récemment l'épigénétique, ont révolutionné la connaissance, force est de constater que bon nombre d'interprétations visent à promouvoir un certain déterminisme, au détriment de l'incidence de l'environnement et de la richesse inouïe de l'expérience humaine.

32. Béatrice Kammerer, *Méfiez-vous des neurosciences*, Slate, 2015 : https://bit.ly/1OOF34N.

Dr Catherine Vidal, neurobiologiste, directrice de recherche au CNRS

« Il est clairement établi qu'un gène n'agit jamais seul, mais en interaction avec un réseau complexe de facteurs qui varient selon l'environnement des cellules et de l'organisme. De même, le cerveau pour se développer doit être stimulé par le milieu extérieur. Le petit humain vient au monde avec un cerveau largement inachevé : il possède un bon stock de neurones – cent milliards – mais peu de voies nerveuses pour les connecter entre eux. Seulement 10 % de ces connexions, appelées synapses, sont présentes à la naissance. Les 90 % restants vont se construire progressivement au gré des influences de la famille, de l'éducation, de la culture, de la société. Chez l'adulte, on estime à un million de milliards de synapses ! Or, seulement 6 000 gènes interviennent dans la construction du cerveau. Ce n'est manifestement pas assez pour contrôler la formation de nos milliards de connexions. Le devenir de nos neurones n'est pas inscrit dans le programme génétique[33]. »

PAROLE D'EXPERTS

ET SI NOUS PRENIONS UN SENTIER PLUS HUMANISTE ?

Pour que votre accompagnement ait du sens pour vous et votre enfant, je souhaite évoquer ici avec vous un autre angle de vue qui pourra renouveler votre pratique parentale. Nous avons été éduqués par nos parents, qui l'avaient été eux-mêmes par les leurs, avec à chaque génération son contexte particulier, avec ce ressenti actuel d'une accélération du temps, d'un chamboulement de nos valeurs.

33. Dr Catherine Vidal, *Ordre moral, ordre cérébral?*, dans : *Enfants turbulents, l'enfer est-il pavé de bonnes préventions?*, ouvrage du collectif *«Pas de 0 de conduite»*, éditions Érès, 2008.

En famille, on vit le même pays - ou pas -, la campagne ou la ville, l'aisance matérielle ou la pauvreté, l'inclusion ou l'isolement social; les flux proviennent de deux ou de plusieurs familles, mettant en partage leur culture, leur inconscient collectif, leur histoire. Nous savons combien nous sommes toutes et tous issus de cette complexité et que nos transmissions ne peuvent en être exemptes. À l'heure actuelle, nous savons aussi que la verticalité de la parentalité a vécu, du moins dans nos sociétés occidentales. L'autorité telle qu'elle fut avant les années 70 s'est dissoute et depuis l'avènement de l'Internet, les jeunes parents ont de plus en plus le sentiment que leurs enfants semblent s'émanciper d'eux dès l'âge de 9/10 ans. «Semblent», mais si peu en réalité.

Dans cette situation, éduquer son/ses enfants ne peut que se concevoir dans une posture ouverte sur l'inconnu, sans certitudes rigides. C'est un apprentissage pour soi et une expérience à cultiver pour nos enfants. Il s'agira de savoir observer, se donner pour fil rouge non pas de changer ses enfants quand ils sont atypiques, ou les conduire à la reproduction de schémas, mais bien plutôt d'accompagner les inclinaisons de chacun, de faire émerger une meilleure connaissance de soi, source d'enseignement permanent, d'apprendre à être enseigné de ses échecs. Autrement dit, préparer une jeune autonomie, susceptible de faire face à ce monde compliqué qui, avec la souplesse d'un tissu, plie et déplie la «réalité» à grande vitesse.

UNE AUTRE VOIE : LES SCIENCES COGNITIVES ÉNACTIVES

Afin de découvrir ensemble des pistes pour accompagner votre enfant doué de rêves éveillés, nous aborderons brièvement un courant de pensée peu connu du grand public, mais qui devrait nourrir toute réflexion éducative. Il s'agit des sciences cognitives énactives, tel que les a conceptualisées le neurobiologiste Francisco Varela[34] dès les années 80.

34. Francisco Varela, *Invitation aux sciences cognitives*, Point Seuil sciences, 1996.

Francisco Varela (1946-2001) «est un penseur d'origine chilienne, ayant poursuivi ses recherches aux États-Unis, puis en France. Sa spécialité initiale est la biologie théorique, mais il est également reconnu pour ses travaux visionnaires sur les neurosciences cognitives, la théorie de la connaissance, la philosophie de l'esprit, ainsi que l'éthique et la spiritualité. Il a fondé le "Mind and Life Institute", dont la mission est d'étudier l'interface entre les sciences et le bouddhisme, avec la collaboration active du Dalaï-Lama» *(Présentation de son éditeur : Le Seuil).*

PAROLE D'EXPERTS

À cette époque, les sciences cognitives, très fonctionnalistes, réduisent la cognition humaine à un traitement de l'information : un environnement envoie un signal (input) que stocke et traite le cerveau en vue d'une réponse/traitement (output). Le corps est en quelque sorte au service du cerveau, boîte noire et tour de contrôle. En renversant ce paradigme, Varela a fait émerger tout un nouveau pan de recherche à partir du concept d'une cognition incarnée. Il remet ainsi en cause une science en rupture avec l'expérience humaine, ses perceptions de «soi» et du contexte où évolue toute personne. Son œuvre et sa pensée, malgré sa disparition précoce en 2001, alimentent la réflexion et la recherche de toute une communauté d'hommes et de femmes à travers le monde, scientifiques, philosophes, méditants, etc.

Qu'est-ce que le concept d'énaction ?

L'entrelacs en notre corps de ses fonctions sensorielles, perceptives, cognitives (notre esprit, notre conscience) couplé nécessairement à son environnement n'est pas dissociable. L'expérience humaine est de fait incarnée et nos processus mentaux, notre conscience même, notre corps présent, sont le fruit d'un entrelacement continuel : j'agis en personne, singulière par l'alliage de mon histoire, de mon corps et de sa biologie, de mes sens, de mon expérience, de ma mémoire, de ma conscience, de ma pratique ; et ce que j'expérimente modifie nécessairement mon être, qui ainsi agira différemment dans un monde en perpétuel changement. Tout, tout le temps, est en interaction et cette idée sera une source d'inspiration pour votre accompagnement. Voici un simple exemple : quand vous parcourez un chemin sans en connaître le parcours, la promenade vous semble longue ; mais si vous faites le même trajet à l'envers, vous aurez l'impression que le temps de balade est plus court. À l'aller, votre tension pour vous situer, votre peur de vous tromper, le manque de repères réconfortants ont convoqué votre attention. Alors qu'au retour vous avez incorporé cette expérience, vous en êtes modifié, plus expérimenté et confiant, dans un paysage reconnu… même dans le sens inverse ! Dans cette idée de coexistence entre une personne et un contexte, les notions d'extérieur et d'intérieur s'épuisent.

Francisco Varela, neurobiologiste
« La cognition, loin d'être la représentation d'un monde prédonné, est l'avènement conjoint d'un monde et d'un esprit à partir de l'histoire des diverses actions qu'accomplit un être dans le monde[35]. »

PAROLE D'EXPERTS

En quoi est-ce précieux pour accompagner votre enfant ?

Pour votre enfant dans la lune, cela commence à dessiner un chemin :

- l'idée que tout est en interaction, que toute expérience, tout échange nourrit une dynamique ;
- qu'il n'y a pas réellement un intérieur (sa bulle) et un extérieur (ce monde ambiant qu'il n'investit pas vraiment). C'est

35. Francisco Varela, Thompson, Rosch, *L'Inscription corporelle de l'esprit*, Le Seuil, 1993.

donc une invitation à mieux prendre sa place en favorisant ses capacités de dialogue et de présence au monde ;

- que c'est en favorisant ses expériences qu'émergera une nouvelle manière d'être, en relation avec les autres, plus empathique et plus sereine.

Nous verrons dans la partie 3 que, dans cette généreuse et douce conduite de changement, vous devrez plutôt mettre en jeu quelques dispositifs, qui viseront à placer votre enfant dans certaines situations pour qu'il les expérimente, les incorpore à son savoir-être, en première personne. C'est beaucoup plus de son expérience et de la vérification des bienfaits qu'il percevra - *c'est agréable d'être avec les autres, c'est sympa de découvrir d'autres réalités que ce qui s'élabore dans mon seul périmètre.* Cette preuve incarnée, ressentie, de ce qu'il va vivre par lui-même est un ancrage beaucoup plus puissant que la réponse à un ordre ou une consigne pour vous faire plaisir (... ou pour avoir la paix). C'est un chemin innovant, que parents comme enseignants peuvent pratiquer pour favoriser une éducation à l'autonomie et au vivre ensemble.

Michèle Duzert, enseignante[36]

« Cette conception de l'inscription corporelle de l'esprit, où "toute action est connaissance, et toute connaissance est action" (F. Varela), nous somme d'imaginer d'autres façons d'apprendre à apprendre. Ce récent territoire de la connaissance des sciences de la cognition situe le "gap" institué jusqu'ici entre savoir et savoir-faire. Ce pont, signature du vivant, ignoré de notre enseignement cartésien, est à reconnaître par les enseignants, mis en demeure d'explorer les nouvelles conditions d'une pédagogie de l'expérience de soi, des autres et de l'environnement. »

PAROLE D'EXPERTS

36. Michèle Duzert, *Vivre ensemble son autonomie*, L'Harmattan, 2016.

À RETENIR

- La vulgarisation des neurosciences entraîne des simplifications qui méritent d'être décryptées.
- Ces simplifications ont des répercussions sociétales pour nous, en tant que parents.
- La tentation de tout expliquer sous le prisme du biologique doit nous interroger.
- Il existe des voies plus humanistes où la situation de chacun (et de l'enfant dans la lune dans son contexte) doit être privilégiée.

CHAPITRE 2

ATTENTION, ATTENTIONS : DE QUOI PARLONS-NOUS ?

Il est une évidence que bien des parents et bien des enseignants d'enfants qui semblent souvent « absents » constatent : ce n'est pas qu'ils soient dénués de capacités attentionnelles, bien au contraire ! Mais à les observer, ils ont une gestion mentale en ce domaine qui est des plus énigmatiques. Au cours de ce chapitre, nous cernerons certains aspects de l'attention, cette notion générique qui recouvre de grandes complexités et bien des interprétations. Nous pourrons ainsi mieux préciser en quoi les enfants « qui pensent à autre chose » ne sont pas forcément déficients en matière d'attention, mais posent - autrement - leur vigilance.

Pour aller plus loin. Vous pourrez compléter votre connaissance du sujet avec les très nombreux livres parus récemment, recensés dans la bibliographie (*cf.* page 201).

LA NOTION D'ATTENTION, UNE RÉALITÉ COMPLEXE !

L'attention portée... à l'attention

Depuis plus de deux siècles, l'attention est sous les feux de la rampe et interroge tout autant psychologues, psychanalystes, sociologues, neurobiologistes que philosophes. Plus le monde intensifie son contexte technologique, plus les hommes s'interrogent sur leurs capacités attentionnelles ! La psychologie et la psychanalyse questionnent la parole du sujet, la conscience, l'inconscient, la mémoire ; les neurosciences instruisent l'étude du système nerveux et particulièrement du cerveau. Quelles que soient les disciplines, nous pouvons remarquer que la notion d'attention relève tout autant de l'individuel (et même de l'intime) que du social (et même de l'éthique d'une société). Ces deux plans interagissent en permanence. L'attention est une notion meuble dont chacun d'entre nous fait une expérience singulière. Il n'en reste pas moins que toute société normalise ce qu'elle pense être une « bonne » attention.

Autant de notions d'attention que d'individus

L'expérience incarnée dont nous avons évoqué le passionnant champ de recherche suppose que nous avons, chacun notre manière de vivre très individuellement notre attention : à soi-même, aux autres, au monde ; chez soi, dans une réunion, en classe, en avion, lors d'une confidence. Il est assez inconcevable de dissocier cette capacité de sa dimension sensori-motrice. C'est pourquoi ces facultés attentionnelles ne peuvent que se modifier au cours de notre existence, et plus encore durant l'enfance et la jeunesse : elles évoluent selon l'histoire de laquelle nous sommes issus, la maturité psychique et physique couplée, la culture qui nous irrigue comme les événements que nous traversons. Pour le seul temps de la jeunesse où la révolution des perceptions est très rapide et l'incorporation des savoirs la plus perméable, il est bien évident qu'être « attentif » peut beaucoup évoluer en quelques années, voire en quelques mois. Ce qu'on attend d'un petit enfant, ce qu'on admet d'un adolescent, aussi.

Une prétendue immaturité pour telle ou telle compétence attentionnelle ne doit pas être considérée comme un fait établi, un point statique qui ne serait plus remis en jeu. Comme disaient les anciens, cela requiert de « donner du temps au temps ». Autrement dit, l'attention elle-même et le jugement qu'on y porte offrent une infinité de problématiques.

Questionner la notion de «déficit»

Partant de ce constat, nous comprenons que c'est ce que notre société «attend» de nous en matière d'attention qui légitime une «bonne» attention et son corollaire, le «déficit» d'attention. Le terme même de «déficit», dans sa dimension quantitative, dépréciative, laisse songeur. En vérité, notre capacité d'attention - à nous tous - est fragile et *challengée* en permanence, petits ou grands, femmes ou hommes, vigilants notoires et distraits remarqués.

L'attention : ce nouvel Eldorado néo-libéral

Une société constituée uniquement de lunaires fait sourire d'emblée. Pour faire société, il convient que la majorité des gens fassent attention, «portent un minimum» d'attention aux autres (mais pas seulement par compassion), fassent attention à ce qu'ils font. L'attention a une «valeur» non seulement morale, mais aussi, et de plus en plus, marchande.

Notre attention est sollicitée pour consommer (la publicité capte notre attention), pour produire et remplir des objectifs (évaluation professionnelle), pour élever nos enfants (de bons parents attentifs), et même dans le cadre de nos loisirs où nos performances attentionnelles sont sollicitées là où nous pourrions lâcher prise, être en «vacances» (ne pas rater son vol, mieux jouer au tennis, cuisiner comme un chef...). Dans un effet de double contrainte, nos sociétés s'érigent aussi en temples de la distraction, portés par les médias; pendant que l'attention y est fortement liée à la notion de performance, d'adhésion au projet collectif. C'est là une de nos souffrances contemporaines : l'attention est plus une injonction venue de l'extérieur qu'une condition personnelle pour faire émerger un projet qui ait du sens pour soi. C'est pourquoi la personne qui se met en retrait, qui pense et imagine en solo, questionne et perturbe cette organisation.

Jonathan Crary, essayiste, professeur d'histoire de l'art et d'esthétique à l'université de Columbia, New York (USA)
«Une dimension centrale de la modernité apparaît dans la persistante crise de la capacité d'attention, crise au cours de laquelle l'évolution des configurations du capitalisme pousse continuellement l'attention et la distraction vers de nouvelles limites et de nouveaux seuils, avec une séquence infiniment répétée de nouveaux produits, qui sont à la source de nouvelles stimulations et flux d'information, auxquels répondent de nouvelles méthodes de gestion et de régulation de la perception[37].»

PAROLE D'EXPERTS

L'attention, Saint-Graal de la productivité et de l'utilité

L'attention est également considérée comme un vecteur de productivité et d'utilité. Il convient d'être focalisé sur sa tâche, bien concentré pour ne pas dévier de l'objectif assigné, de donner de soi-même en quelque sorte. Si cela peut se faire savoir et être bien en vue de la collectivité, c'est encore mieux! Son antithèse en est donc la rêverie, considérée comme une perte de temps et un degré zero de l'utilité. Et ce n'est pas tout à fait nouveau!

Madame de Staël, philosophe et romancière
[À propos du philosophe Malebranche] «... On s'est plu à le considérer au XVIIIe siècle comme un rêveur et l'on est perdu en France quand on a la réputation de rêveur; car elle emporte avec elle l'idée qu'on n'est utile à rien, ce qui déplaît singulièrement à tout ce qu'on appelle les gens raisonnables; mais ce mot d'utilité est-il assez noble pour s'appliquer aux besoins de l'âme[38]?»

ILS PARLENT LUNAIRES!

37. Jonathan Crary, *24/7, le capitalisme à l'assaut du sommeil*, éditions La Découverte, 2016.
38. Madame de Staël, *De l'Allemagne*, in *De la philosophie française*, 1810.

L'enfant dans la lune nous interpelle sur ce point. Il semble ne pas être du tout stimulé par la notion de performance. De prime abord, être plus attentif au monde phénoménal lui passe au-dessus des antennes! Faire mieux, il n'y voit pas d'attrait. Pourtant, nous considérerons qu'il s'investit considérablement dans des challenges dont il a seul le secret et pour lesquels il mobilise et aligne tout son être. Mais mettre en lumière son projet et le faire savoir. Pas question!

LES DIFFÉRENTES NATURES D'ATTENTION, EN RELATION AUX AUTRES

Tous des inattentifs notoires!

Nous nous agaçons qu'un enfant soit «aux abonnés absents» et pas assez attentif pour faire partie de la troupe. Mais savez-vous que vous-même - toute personne humaine d'ailleurs - êtes perpétuellement inattentif? Nos systèmes perceptif et cognitif jouent de cette oscillation permanente entre attention focalisée et inattention très brève. Durant de multiples microséquences, notre esprit saute et se balade, souvent même à notre insu. L'alternance distraction/concentration est notre lot commun. Cela nous est quasi imperceptible. Sauf lorsque nous remarquons avoir lu deux fois la même page en «automatique», par exemple. On parle là de millisecondes, et nous ne sommes conscients que d'une minuscule quantité de cette curieuse gestion mentale. Il est notoire que certaines personnes, certains enfants, sont moins «au contact» en matière de présence, mais il s'agit plus d'une singularité que d'une déficience.

Des différences générationnelles

Côté classes d'âge, il est évident qu'un tout-petit n'a pas la même maturité attentionnelle qu'un préadolescent. Mais côté générationnel, nous sommes tous, adultes, témoins d'une véritable différence qui s'est installée entre nous et les plus jeunes dans la multiplicité attentionnelle que génère l'hyperconnexion. Enfants et petits enfants sont des maîtres du multicanal. Casque vissé sur les oreilles, ils font leurs devoirs tout en répondant à des SMS, et le tout dans une apparente fluidité. Ils y parviennent, mais il est évident que cela ne procure pas un travail de la mémoire profonde et crée souvent, à leur insu, une fatigue mentale.

L'attention, vite associée à concentration et sélection

Qui dit attention, dit concentration. C'est du moins l'idée spontanée de la plupart d'entre nous et ce que le neurobiologiste Jean-Philippe Lachaux[39] a bien souligné à travers ses travaux sur l'attention. La notion d'attention conserve cet aspect, même si l'ouverture sur d'autres modes de pensée, essentiellement orientaux, nous permet d'entrevoir d'autres manières de poser son attention, plus flottante, moins serrée que dans les sociétés industrielles occidentales où l'attention est associée à la concentration. On y adjoint aussi la notion de sélection. Pour être attentif, il faut se focaliser sur un point, une activité, et s'y tenir. De fait, le reste du contexte et de l'environnement qui est mis en « flou », est moins perceptible tant que ce point précis d'attention est maintenu.

Attention et intention : un peu de mental, pas mal de morale ?

Les deux termes sont souvent associés selon deux registres. D'une part, l'observation mentale. Être attentif, se concentrer, nécessite une mobilisation de l'être, une intention. D'autre part, une valeur morale : être attentif, c'est être tout autant attentionné qu'intentionné. Lorsque vous faites remarquer à votre enfant rêveur qu'il n'a pas fait attention, qu'il est absent, vous induisez qu'il pourrait faire des efforts, être motivé à être avec vous, à y investir un peu plus d'intention. Vous reliez ainsi, ce que nous faisons tous, le fait qu'être attentif est un engagement, une intentionnalité, un geste. *A contrario*, être inattentif serait donc en miroir une désinvolture à ne pas coopérer.

39. Jean-Philippe Lachaux, *Le Cerveau funambule*, éditions Odile Jacob, 2015.

L'attention individuelle

Notre attention individuelle est ce qui nous appartient en propre dans un enchâssement au sein de notre environnement, qui fait que nous le percevons et qu'en retour il nous façonne. Notre corps, nos perceptions, notre vigilance, la résistance des faits, font et défont les situations et, au fur et à mesure de notre existence, nourrissent notre expérience. L'interaction est continue. C'est aussi notre relation aux objets, aux événements, à autrui - nous «portons attention à...». Cette attention individuelle doit être rapportée à la société dans laquelle nous vivons, adultes comme enfants. Et cette faculté est en train de beaucoup évoluer, car les sollicitations de l'hypercommunication changent la manière d'être attentif. Cela va jusqu'à modifier nos capacités de perception.

Du plan individuel au registre social

Nous pouvons constater ensemble que l'attention des individus s'est modifiée de manière très nette durant les dernières décennies. Les enseignants sont les premiers à s'en plaindre. Depuis l'arrivée d'Internet, il n'est pas difficile de constater à quel point l'attention de chacun a muté, allant jusqu'à modifier notre schéma corporel, notre rapport au corps des autres, à leur présence virtuelle, à l'écoute, aux décharges émotionnelles, à l'addiction informationnelle, etc. Ce contexte récent, qui ficelle les enfants aux écrans, modifie jusqu'à leurs sens : la communauté scientifique[40] considère que l'explosion du nombre d'enfants atteints de myopie dans les mégapoles d'Asie (70 % des jeunes!) est due à un temps trop long passé sur les écrans, à la vie en appartements exigus dans des tours et à la rareté des sorties en extérieur qui sont indispensables aux tout-petits pour incorporer l'accommodation oculaire du proche au lointain et vice versa. De fait, l'attention de soi envers le monde, l'attention des autres envers nous est en mutation. Quand on l'observe à l'échelle d'une société, c'est tout un écosystème attentionnel qui se transforme.

40. Interview des professeurs Gilles Renard, directeur scientifique de la Société française d'ophtalmologie & Nicolas Elzeviel, chef de service d'ophtalmologie du CHU de Poitiers, https://bit.ly/2YOwZKM, 2016.

L'attention conjointe et la théorie de l'esprit

L'attention conjointe est une compétence-clef du comportement de l'enfant dans sa capacité relationnelle à la figure parentale, puis à l'altérité : vers 9 mois, le bébé est en mesure, quand l'un de ses parents tourne son regard vers un objet, de capter et suivre le regard parental vers cet objet. Cette interaction visuelle repose sur la compétence fine d'une lecture de l'intention de l'autre. Cela inaugure une première compétence de communication non verbale : une petite chorégraphie, simple et complexe à la fois, se met en jeu. Sa lacune est l'un parmi les nombreux critères du syndrome autistique.

Cette attention conjointe est à rapprocher de ce que les sciences cognitives désignent sous le terme de « théorie de l'esprit » : la capacité d'un individu d'attribuer de manière subtile des états mentaux et de saisir la subjectivité d'une autre personne. À l'échelle de l'enfance, l'intersubjectivité que suppose l'attention conjointe devient le vecteur de la capacité de coconstruction, de négociation, d'entraide... que l'expérience de la jeune vie sociale en classe met souvent à l'épreuve.

L'enfant dans la lune : il pratique cette interaction fine avec aisance quand il s'agit des siens. Cette compétence est donc bien installée, vous le vérifiez aisément. Son sens de l'observation démontre également une réelle compétence à imaginer la pensée de l'autre sans même lui adresser la parole. Mais c'est dans le secret de la distance, avec la ferme intention pour lui de ne pas se dévoiler. Pure chimère qu'il croit pourtant contrôler en ne se risquant pas à la relation.

UNE LARGE PALETTE DE PROCESSUS ATTENTIONNELS

L'attention endogène et l'attention exogène

Dans un processus d'attention dit endogène, la personne se concentre et oriente son attention volontairement vers un objet.

L'attention exogène s'enclenche à partir de stimuli extérieurs, telle la demande du maître ou de la maîtresse de faire attention... Elle est donc en lien avec ce que l'on nomme la capture de l'attention. Cela est rendue possible du fait que nous percevons des faits saillants qui attirent notre attention et la retiennent « captive ».

Et l'enfant dans la lune ?

C'est pour vous l'une des sources de compréhension de sa manière d'écouter et... de s'évader : l'enfant rêveur semble faire son miel de ce qui l'entoure, mais qu'il n'évalue pas comme reçu d'autrui. Autrement dit, il privilégie son attention endogène et tend à minimiser l'émetteur du message qui pourrait attirer et capter son attention. De ce message, il bâtit une nouvelle idée et reste fixé sur cette pensée. Au lieu d'avoir écouté l'enseignant, qui a pourtant veillé à attirer l'attention de ses élèves, il est plutôt parti dans sa rêverie en favorisant son attention endogène, interne. Nous l'avons perdu !

L'attention sélective

Sélectionner, c'est choisir, isoler des phénomènes saillants tout en plaçant à l'arrière-plan des objets devenus secondaires. C'est le fameux effet « cocktail party » qui fait que, dans le brouhaha d'une soirée, vous êtes en mesure de polariser votre attention sur votre interlocuteur, de privilégier cette conversation au détriment des autres. Vous avez utilisé un filtre attentionnel. L'exemple est aisément transposable à la cour de récré, dont le très puissant niveau sonore n'empêche nullement le papotage entre élèves ! Toutefois, certaines personnes ont la compétence de changer de cible : elles simulent d'être attentives à leur premier interlocuteur pour se focaliser sur le groupe d'à côté, par exemple pour le fait saillant d'avoir entendu son prénom.

On peut supposer que c'est l'une des stratégies que peut mettre en pratique parfois **l'enfant lunaire**, lorsqu'il semble absent en classe, mais parvient quand même à cueillir quelques bribes de cours qui lui permettent d'avoir la moyenne.

William James (1842-1910), psychologue américain
« L'attention est la prise de possession par l'esprit, sous une forme claire et vive, d'un objet ou d'une suite de pensées parmi plusieurs qui semblent possibles [...] Elle implique le retrait de certains objets afin de traiter plus efficacement les autres[41]. »

PAROLE D'EXPERTS

L'attention focalisée

Focaliser, c'est faire converger en un point, c'est donc l'inverse de la dispersion. Cela nécessite une association avec la sélection. C'est ce que recherche le plus ardemment l'enseignant quand il demande à ses élèves de chercher l'intrus dans un groupe de mots ou une ville sur une carte géographique. Cependant, la focalisation comporte son propre paradoxe, car elle revient dans un même temps, par son exclusivité, à se distraire de tout le reste.

L'attention focalisée est une grande compétence de **l'enfant dans la lune**. Trop, oserait-on dire ! si nous songeons au nombre de fois où vous l'appelez et que, focalisé sur son dessin, il ne vous répond pas...

Focus : la métaphore de l'appareil photo
On dit de quelqu'un qu'il est concentré. L'Anglais dit « *focused* » et cela résonne avec l'optique photographique : lorsque vous êtes concentré sur une seule tâche, vous êtes dans un champ attentionnel étroit, en perception du moindre détail, monotâche, avec une forte capacité de profondeur. La distraction, l'attention flottante se place au contraire dans le spectre d'un champ large, une vision plus globale et beaucoup moins profonde en matière de tâche, ce qui n'en fait pas une situation superficielle !

41. William James, *Principes de psychologie*, Vol. 1, Chap. 11. 1890.

L'attention partagée

130 ans après William James, l'attention partagée s'est fait la spécialité d'amoindrir le second plan attentionnel. Nous faisons tous attention tout en étant de plus en plus capables de percevoir finement les phénomènes alentour. En classe ou dans un open-space, notre nature d'attention a sur ce point beaucoup évolué. Mais cela représente tout de même une énergie mentale non négligeable.

L'attention en multitâche

C'est un mythe. Il est prouvé désormais[42] que nous ne pouvons pas faire deux choses à la fois. De la même manière que le magicien nous berne en agissant si vite que notre perception visuelle ne peut capter le trucage, nous avons l'illusion de pouvoir faire deux choses à la fois, mais en vérité, nous avons - plus ou moins selon les personnes - le potentiel de « switcher » très rapidement entre deux tâches de même nature, d'osciller entre les deux, mais pas de les faire en synchronisation. Là encore, c'est à notre insu une source d'épuisement mental. En revanche, conduire sa voiture tout en papotant, c'est associer une tâche automatisée et une conversation contrôlée, ce qui n'est pas non plus du multitâche.

Des tâches automatisées pour libérer la dynamique de l'esprit

Il a été démontré que dans le quotidien d'une personne ordinaire, un certain nombre de tâches sont incorporées, en quelque sorte automatisées afin de libérer de l'espace pour penser à autre chose. Par exemple, il est possible de faire du vélo « machinalement » en pensant au dîner que l'on va cuisiner le soir.

L'enfant dans la lune procède tout autrement. Très peu ou parfois pas du tout dans le « faire », il n'expérimente pas ces tâches pratiques de base et ne les incorpore pas à son expérience de vie. C'est ce qui

42. Jean-Philippe Lachaux, *Le Cerveau funambule*, éditions Odile Jacob, 2015.

donne lieu à votre agacement quotidien. Il ne sait toujours pas lacer ses chaussures, faire son cartable, prendre son manteau s'il sort l'hiver...

L'attention soutenue

L'attention soutenue est la capacité à maintenir son attention sur une tâche durant un long moment. C'est un acte volontaire qui repose, on s'en doute, sur la motivation, car la nature de la tâche à accomplir peut même paraître atone et sans saveur. Du moment que la personne consacre son temps sur cette action, un fort degré de motivation personnelle ou valorisée socialement («c'est bien de faire ses devoirs») se met en place.

Il est aisé de rappeler combien **un enfant qui, en classe, est dans la lune** peut être un champion de l'attention soutenue lorsqu'il s'agit de monter tout seul le bateau des pirates d'une marque bien connue.

La flexibilité de l'attention

La flexibilité de l'attention, c'est l'aptitude à passer d'un premier objet sélectionné par l'attention à un second, et éventuellement la souplesse de revenir au premier objet. Il s'agit là d'une qualité d'attention réelle. Cette capacité est liée à la maturité de l'enfant et opère de manière de plus en plus fluide à travers l'enfance, selon la diversité des tâches qui lui auront été suggérées. C'est pourquoi il faut proposer aux enfants des alternatives à leurs activités numériques quand celles-ci les absorbent trop et ne les entraînent pas assez à jongler avec plusieurs objets attentionnels.

Et l'enfant lunaire dans l'espace numérique?

As de l'extrapolation, l'enfant dans la lune est plus fasciné encore que les autres enfants par la proposition des moteurs de recherche qui nous «envoient» des résultats qu'on n'aurait pas soupçonnés seul, déployant des associations sémantiques et opérant des ponts entre des idées. C'est une invitation permanente à lancer une nouvelle recherche et à se perdre dans les arborescences infinies des requêtes du web. Le temps passé, le temps physique effacé mettent en place une autre «réalité sans bords» à laquelle l'enfant lunaire peut être très sensible, mais qui est tout à fait dommageable quand on tente de favoriser au contraire la flexibilité de son attention et lui «apprendre à devenir acteur du monde qui l'entoure[43]».

UNE PLAGE DE REPOS : LE «RÉSEAU DU MODE PAR DÉFAUT»

Un cerveau «au repos» n'est pas sans rien faire! Le chercheur en neurosciences, Marcus E. Raichle a conceptualisé en 2001 le «réseau du mode par défaut» (RMD) qui associe un certain nombre de régions neuronales éloignées les unes des autres, mais qui s'activent ensemble lorsqu'une personne est inattentive à l'environnement dans lequel elle se trouve. Autrement dit, quand elle ne fait rien. On dit alors que le cerveau est «au repos», mais actif.

Tous ces termes doivent être pris avec subtilité : «par défaut» semble une valeur négative, «au repos», un jugement un peu flou, «actif», on s'en doute tout de même, étant donné que nous sommes… vivants! Ce qui est important ici, c'est que l'on a longtemps pensé de manière cartésienne (et morale!) que ne rien faire (gestuellement, corporellement), c'était être inactif mentalement, au repos (voire inerte!). De fait, lorsque nous agissons, ce réseau du mode par défaut est désactivé pour que notre action se réalise. Mais quand nous ne sommes pas mobilisés par une tâche, ce réseau crée les conditions d'une pensée tournée vers notre intériorité, vers notre conscience de soi, en pensées et en ressentis. Il s'active particulièrement lorsque nous faisons appel à nos valeurs profondes.

L'activation du «réseau du mode par défaut» favorise également l'élaboration de scénarios, de solutions, de synthèses. Il permet de se projeter dans le futur et intervient dans la construction de la mémoire.

43. Campagne 2019 du CSA : https://bit.ly/2FLtf4C.

Elle est donc incontournable à toute émergence créative. Pour chacun de nous, cet état est indispensable à notre santé mentale, face à l'hypersollicitation permanente que nous avons à affronter chaque jour.

Et l'enfant dans la lune?

Inutile de souligner qu'en lisant ces lignes vous avez pensé à votre enfant. Celle ou celui dont on dit qu'il n'est pas «là». Mais dont nous comprenons ici l'écologie mentale qui est aussi promesse de fécondité, de créativité et d'une intériorité que l'on associe mal avec l'enfance.

Rose à la plage

«"Rose, tu m'entends?"
Non, pas du tout. Rose était "absorbée", concentrée en elle-même et en osmose avec le paysage dont elle faisait entièrement partie.»

À RETENIR

- L'attention est une réalité complexe, à la fois très personnelle et très sociale.
- Les différentes natures d'attention traduisent nos diverses capacités d'agir dans le monde, et la manière dont l'enfant dans la lune exprime ses spécificités.
- Une large palette de processus nous permet d'interagir avec notre contexte et l'enfant dans la lune a bien les siens.

CHAPITRE 3
L'ENFANT LUNAIRE, CETTE PERSONNE AUTREMENT ATTENTIVE

Après ce rapide tour d'horizon de ce qu'il est convenu d'appeler « l'attention », il est temps de s'intéresser à ces situations que beaucoup de parents d'enfants lunaires constatent sans trop savoir en décrypter les processus. Comment s'y prennent les enfants qui partent dans leurs pensées sans pouvoir redescendre facilement de la lune ? Pourquoi nous entendent-ils si peu ? Et pourquoi chercher quelque chose dans un placard ne leur est-il pas évident ? Voix intérieure très active, capacités visuelles et auditives, motivation dans l'action... Autant de compétences qu'il est temps d'explorer !

L'ATTENTION EST AUSSI UNE AFFAIRE SENSORIELLE !

Les perceptions d'un jeune rêveur

L'attention est de fait contingente à notre corporéité. Les conditions de l'attention ne sont pas les mêmes selon que l'on mesure 1,50 m ou 2 mètres de haut, que l'on est myope ou pas, que notre culture accepte ou pose tel interdit sur tel « geste ». Après avoir passé en revue un certain nombre de caractéristiques de l'attention, observons ensemble cette curieuse manière dont l'enfant lunaire gère particulièrement les sens de la vue et de l'ouïe. Rappelons qu'il ne semble jamais vous entendre, mais qu'il visualise des machines ! Voici quelques aspects de ses compétences visuelles et auditives qu'il est important de prendre en compte.

Côté « audio » : et pourtant, son audition est parfaite !

Combien de témoignages ai-je reçus de parents formulant cette réflexion ! Combien sont invités par l'enseignant à faire passer à leur enfant un audiogramme, pour cause de non-écoute en classe ! C'est que l'enfant lunaire a une très belle capacité à fermer les écoutilles... Parfois même de s'isoler dans un caisson étanche : ce que nous avons nommé le tunnel attentionnel. Cela procède donc d'un premier phénomène de divagation, de lente dérive de l'écoute de l'enseignant au profit d'une rêverie éveillée... Mais aussi du phénomène qui s'ensuit : quand la rêverie se fait profonde et que l'enseignant pourrait crier très fort le prénom de l'enfant pour le « sortir » de sa rêverie alors que l'intéressé n'entend absolument pas !

Rose à la plage

« ... Repérant la petite fille excentrée, elle lui posa pour la énième fois la question : "Mais Rose, qu'est-ce que tu fais ?" Pas de réponse. Rose était le dos tourné au groupe et ne semblait rien entendre. »

Il vous entend, mais ne vous écoute pas

La différence est de taille ! Entendre est une capacité que le fameux audiogramme va révéler excellente. Écouter, c'est rassembler, convoquer des compétences attentionnelles non seulement sur le son, mais aussi sur le message qui nous est adressé. Cela fait émerger en soi des représentations (visuelles, conceptuelles).

Or, les personnes dans la lune, petits et grands, après quelques instants d'écoute vont en quelque sorte permuter leur canal auditif : aux représentations que peut générer votre message (pourtant clair !), ils vont substituer leur propre pensée et privilégier leur voix intérieure. Et comme il est impossible de maintenir ces deux actions en même temps, votre message s'estompe au second plan. De votre demande de « mettre ses chaussettes », votre enfant est parti dans une divagation : « Chaussettes, ça vient de petites chausses, mais c'est quoi des chausses ? » En moins de deux, il visualise peut-être encore vos lèvres et le son de votre voix, mais c'est du bla-bla-bla... Sa visualisation et/ou sa voix intérieure ont pris le dessus.

La puissance impérieuse de sa voix intérieure

Depuis la fin du XIXe siècle, les médecins, puis les psychologues et les linguistes se sont intéressés à cette fonction particulière du langage qui consiste à percevoir en soi une parole intériorisée. Nous en faisons tous, adultes, l'expérience. C'est surtout le « langage intérieur de l'enfant », sa voix interne, appelée aussi soliloque (*private speech*) qui a passionné les chercheurs. L'un d'entre eux était un linguiste russe des années 30, Lev Vygotski, dont les travaux restent le socle des recherches actuelles. Vygotski nomme cette propension infantile « langage égocentrique », sans y ajouter de jugement de valeur. Il considère ce langage égocentrique comme une esquisse du langage intérieur de l'adulte. Cette activité peut être complètement intériorisée ou légèrement articulée. Je ne doute pas que certains d'entre vous en aient fait l'expérience : votre enfant lunaire peut passer à côté de vous sans vous voir, tout en se marmonnant un « truc » passionnant qu'il est en train d'élaborer !

Rose à la plage

« On sentait bien que "ça travaillait là-haut". Ses lèvres bougeaient sans produire de sons, mais il était clair qu'elle racontait une histoire ; qu'elle "se" racontait une histoire. De fait, elle élaborait du sens. »

Vygotski, lui, considère que loin d'être pathologique, c'est une fonction fondatrice de l'être : elle permet de s'engager dans des stratégies, de se rassurer, d'affiner des choix. C'est un langage à part entière, entre un langage social avec les autres et son langage intérieur. Loin de disparaître avec la maturité, il s'affine vers notre langage intérieur d'adulte. Chez l'enfant dans la lune, cette fonction est particulièrement développée. Le solitaire qu'il est trouve ainsi une zone d'expression très riche, mais bien peu transmissible. Elle est une grande énigme, car elle procède, d'une part, du rêve éveillé, de la rêverie et, d'autre part, d'une capacité à l'élaboration technique et réaliste.

Là se distinguent deux grandes tendances : une invention jaillissante (« créer des machines ») sur le mode « réparer le monde » ou l'entrée dans une expertise, dont vous ne découvrirez l'existence que bien plus tard... Dans tous les cas, les neurosciences considèrent que ce processus mental, qui ne semble pas convoquer le corps, engager des gestes, est une véritable action, mentale certes, mais une action tout de même.

Côté visuel : une grande difficulté à discriminer

L'exemple qui suit aura pour beaucoup d'entre vous un goût d'expérience.

Vous demandez :

« Va chercher le sucre dans le placard. » Tout d'abord, vous remarquerez que vous venez de formuler une commande « audio », auditive qui va supposer une tâche visuelle (discerner) puis kinesthésique (prendre). C'est sans doute l'exercice le plus difficile pour quelqu'un qui est dans la lune. L'enfant s'exécute (car c'est quelqu'un de très serviable). Mais, entre autres parce qu'il pense en même temps à autre chose (de plus intéressant), il n'a retenu de votre demande que le dernier mot (placard), mais pas vraiment ce qu'il fallait y chercher « dedans ». Il peut tout aussi bien avoir perçu le mot sucre et se trouver devant un vrai problème : sa permanence d'inintérêt pour ce genre de chose fait qu'il peut vivre depuis tout petit dans le même appartement sans savoir que le sucre se range dans le placard de droite, près des confitures. Vous percevez la boucle systémique : comme cela ne l'intéresse pas, il ne sait pas où chercher, et comme, quand il cherche, il ne trouve pas, il a tendance à ne pas s'en préoccuper, etc.

C'est précisément ce que nous apprendrons à modifier au chapitre suivant. Admettons que l'enfant ait l'ensemble de la commande, un autre problème surgit : l'enfant ouvre le placard et ne « voit » pas le sucre ! Pourtant, le paquet est là, en évidence. Pour vous, parents, c'est invraisemblable et pourtant vous l'avez tous vécu à de nombreuses reprises.

Quelques explications à cette histoire

De cet épisode, nous pouvons tirer quelques enseignements. Ce que vous considérez comme une consigne simple et évidente n'est pas de même nature, vue de son côté : ce n'est pas que la consigne soit obscure ou complexe à réaliser, non ; c'est qu'il la perçoit avant tout comme une... distraction extérieure qui interfère avec ce qu'il est en train de penser. Hyper-concentré sur ce à quoi il songeait, votre demande a fait l'effet d'une intrusion à laquelle il n'était pas préparé. Il n'investit pas ce qu'il traverse. Même s'il fait les courses avec vous ou confectionne des gâteaux en utilisant le sucre, l'information pratique du « comment est le paquet » n'a jamais eu aucun intérêt pour lui, ce qui ne facilite pas son repérage. Un enfant terrien aurait, lui, pointé que, sur le paquet, on a ajouté la mention bio, par exemple.

Mais c'est surtout une autre raison, très partagée par les enfants dans la lune qui explique la situation : l'enfant, même s'il sait à quoi ressemble ce fichu paquet de sucre, ne le voit vraiment pas dans le placard, et ce pour une raison majeure : visuellement, il ne discrimine pas ! Il englobe la somme des éléments en un ensemble. Il se peut que, si vous ne réitérez pas votre demande, il passe quelques minutes à observer cet « objet multiforme » qu'est le contenu d'un placard de cuisine pour finalement en faire le tremplin d'une histoire où un lilliputien vivrait caché dans cette incroyable réserve !

Il sait discriminer mais ne le pratique pas

Cela ne veut pas du tout dire que l'enfant rêveur soit incapable de discrimination. J'en veux pour preuve cette astuce qui fonctionne très bien. À son « Je ne le trouve pas ! », répondez : « Tiens, on va faire une expérience magique ! Tu es prêt ? » Réponse assurée : « Oui ! », « Tu fermes le placard, tu comptes jusqu'à 2 et tu le réouvres. Et là, tu vas voir le paquet de sucre ! » Exécution... Eh bien, ça fonctionne !

En mobilisant son attention sélective, le paquet est bien là sous ses yeux! Cette preuve par l'exemple est très importante pour que votre enfant considère la stratégie (savoir chercher) comme utile et dont il est doué. Vous n'aurez pas râlé, mais vous aurez fait émerger une autre manière de porter attention à ce qui se passe dans la maison.

La notion de syncrétisme de Piaget

Piaget, grand psychopédagogue suisse du début du XXe siècle reste une référence fondamentale pour comprendre l'évolution psychique des enfants. Il a ainsi souligné la prédominance durant les premières années d'une pensée « syncrétique », globale.

Jean Piaget (1896-1980), biologiste, psychologue et pédagogue

« Le syncrétisme est la tendance spontanée des enfants à percevoir par visions globales au lieu de discerner les détails, à trouver des analogies immédiatement, sans analyse, entre des objets et des mots étrangers les uns aux autres, à lier entre eux des phénomènes naturels hétérogènes, à trouver une raison à tout événement même fortuit, bref c'est la tendance à tout lier à tout (...)[44]. »

PAROLE D'EXPERTS

Reste que ce mode perceptif quand l'enfant lunaire devient préadolescent semble ne pas avoir opéré vers la vision analytique… qui aurait permis de trouver ce satané paquet de sucre!

Des personnes douées d'attention?

Et si les enfants dans la lune étaient des personnes douées d'une très belle qualité d'attention, mais d'une nature et d'une écologie différentes? Après tout, ils manient très bien la concentration, l'écoute flottante,

44. Jean Piaget, *Le Langage et la Pensée chez l'enfant*, Delachaux & Niestlé, 1997.

la captation de petits détails qui servent à leurs idées divagantes. Ils mémorisent beaucoup d'informations tout en semblant ne pas être là. Ils savent très bien écouter quand ils le veulent, s'évader quand c'est *« moyen intéressant »* ou comprendre les autres dans des communications non verbales ; ou encore, poser leur attention ailleurs, parce qu'ils considèrent que leur idée du moment est plus digne d'intérêt.

Car ne pas faire attention à ceci pour préférer être attentionné à cela, c'est une manière de choisir où l'on porte son attention. Et c'est donc toujours être attentif... Mais autrement ! Faisons un petit tour pour mieux situer ces curieuses manières de procéder. Là encore, tous les enfants lunaires ne sont pas concernés, mais cette synthèse vous permettra de picorer des indices que vous pourrez à votre tour rassembler pour mieux gérer le quotidien.

UN DRÔLE DE COCKTAIL : SON INTÉRÊT, SA MOTIVATION, SES JUGEMENTS

Une intimité naissante et jaillissante d'idées

Un enfant qui suit ses idées le fait-il intentionnellement ? Ses jeunes années plaident pour lui et nous aurions tendance à dire « oui et non ». Du tout-petit jusqu'à l'âge de 7/8 ans, il est certain que ses dérives oniriques sont le fait d'une sensation pas encore formulée : c'est tout simplement agréable et sans doute un peu magique. Plus tard, cela devient une découverte intime de sa capacité de penser ; mais c'est une véritable expérience que sa mémoire engrange : ce bonheur étonnant de produire cette émergence, de ressentir en soi surgir des idées, des images, un petit théâtre ; cette voix intérieure aussi, qui en fait un spectacle captivant et clos sur lui-même. Ce sont des perceptions très positives qui doivent s'inscrire très tôt dans le système nerveux, dans la mémoire, comme de bonnes actions, une activité qui engendre de la satisfaction. Une expérience qui peut même vous sauver, si vous vivez des événements difficiles. Dans ce dernier cas, cela comporte une source de résilience.

Henri Laborit (1914-1995), médecin, chirurgien et neurobiologiste
«Sans mémoire, il n'y a pas d'individu. Un être vivant, c'est une mémoire qui agit[45].»

PAROLE D'EXPERTS

Une intériorité en clôture

Mais c'est un royaume magnifique! Pourquoi en sortir? Pourquoi écouter les autres? C'est un nid coloré et construit si jeune qu'on ne peut pas tellement en transmettre le prodige. Et comme, mieux on élabore, plus on devient jongleur d'idées, il n'y a pas vraiment de raison que cette expérience-là ne soit pas reconduite et répétée, à l'envi.

Mais il n'y a aucun code pour en partager la richesse, et les enfants rêveurs, qui en ont la prescience, ne partagent pas ce secret... - peut-être pensent-ils même avoir trouvé une source que ne connaît pas leur entourage et qu'il serait vraiment impossible à formuler. La situation en devient ainsi d'autant plus précieuse et énigmatique... donc fascinante.

Si nous, les grands, n'intervenons pas doucement pour entrer dans le cercle, il se peut bien que ces enfants, ces adolescents, ne trouvent pas d'ouvertures, de détente pour accéder aux autres niveaux d'organisation dont ils sont partie prenante : la société, les enfants, l'enseignant et l'école... Les aider à en faire la découverte est une très belle aventure.

Une tresse opératoire : jugement, intérêt, motivation

Ce que les parents d'enfants dans la lune mettent longtemps à identifier, c'est cette capacité de jugement intérieur que leur enfant exerce

45. Henri Laborit, *Conscience - Connaissance - Imagination*, Entretiens avec Michèle Duzert, CNED, 1989. https://bit.ly/2RpypZz.

très tôt. Parce que c'est assez antinomique avec ce que nous considérons être la posture « normée » d'un enfant qui écoute les grands et qui s'applique à évoluer selon les règles des adultes.

Comme nous l'avions remarqué dans le portrait général qui ouvrait ce livre, ce ne sont pas des enfants en opposition déclarée. Mais ce jugement de leur environnement (une activité, une personne adulte comme le maître ou la maîtresse d'école, un jeu) entraîne une sélection unilatérale de ce qui est intéressant/pas intéressant, *depuis leur point de vue*. C'est en amont de la relation que ça se produit, et vous-même ne faites que « constater » qu'il est dans la lune, sans avoir perçu cette racine essentielle.

On voit poindre là comment la capture de leur attention peut s'exercer selon des évaluations d'attrait et d'intérêt bien particuliers que notre demande de coopérer ne parvient pas à concurrencer. Ce qui entraîne le troisième effet, celui de leur motivation. Déjà, nous comprenons mieux quel processus attentionnel se met en jeu au moment où, en mode solo, l'enfant dans la lune décolle.

Son jugement qui rationalise si c'est intéressant et motivant

Quand nous évoquons ses propres jugements qui l'amènent à se soustraire à l'activité du moment, nous ne pensons pas qu'il s'agisse d'une opinion très construite. Plutôt une intuition qui fait qu'il disqualifie ce qui est en train de se passer pour y préférer ses idées. Il valide unilatéralement le choix de s'exempter de participer.

Nous verrons ainsi qu'à l'école, sous ses airs très gentils, il arrive qu'il ne reconnaisse pas l'autorité de l'enseignant et ainsi néglige ce que celui-ci explique. Vous aurez dès lors à intervenir et vous verrez que c'est souvent très efficace (*cf* page 174).

Nous comprenons ici qu'il ne s'agit pas d'une difficulté attentionnelle, mais bien d'une orientation personnelle de son attention. Une fois parti dans les nuages parce qu'il « a fait son choix », l'enfant dans la lune semble sur un axe attentionnel, sans réelle flexibilité, ce qui entraîne son entourage à chercher à attirer en vain son attention : « Ouh ! Ouh ! On est là ! »

Sa motivation est à toute épreuve quand il le décide

C'est l'une des grandes capacités des enfants lunaires. Une fois qu'un sujet de prédilection se distingue, ce qu'ils savent faire très tôt (6/7 ans), leur motivation est « à toute épreuve ». Leur capacité de concentration, leur très performante aptitude à focaliser peuvent les retenir dans leur monde pour un sacré bout de temps. C'est qu'à cette hyperfocalisation ils associent une belle aptitude à l'attention soutenue : pour la lecture, le dessin, des constructions, des histoires dites tout haut.

C'est aussi une attention qui tient dans le temps plus long des mois d'apprentissage de la musique ou de l'activité choisie. En revanche, une fois parti dans une activité, leur manque partiel de flexibilité attentionnelle les empêche souvent de revenir dans le courant de la vie, dans le temps de la maisonnée, dans le rythme du cours. S'il n'est pas là, en l'occurrence, il est intensément… ailleurs ! Il faut alors ne pas crier, mais plutôt aller le chercher corporellement, afin qu'il sorte de son cercle d'attention. Attitude dont les enseignants ont bien l'habitude, lorsqu'ils sont amenés à tapoter de la main l'épaule d'un élève qui plane !

TROIS SITUATIONS OÙ IL A À GÉRER UNE CONSIGNE

Nous venons de dessiner ce qui peut émerger en soi quand votre enfant décroche de votre quotidien commun. Mais qu'en est-il quand il s'agit de consignes extérieures ? Que se passe-t-il quand un message lui parvient qu'il faudrait faire ceci ou cela ? Eh bien, l'enfant lunaire s'autorise plus ou moins consciemment à évaluer le bien-fondé de cette demande… Voici trois réponses qu'il peut être amené à mettre en œuvre, trois parmi bien d'autres.

Ça l'intéresse !

De ses bonnes capacités attentionnelles, il va convoquer le meilleur. Car il a cette capacité à centrer son attention, à ne plus voir ni entendre rien d'autre que la situation présente. Il faudra se le rappeler pour qu'il écoute en classe. Car il sait très bien le faire...

Il n'est pas trop attiré, mais il veut bien «jouer le jeu»

C'est une motivation consentie. Cela dit, écouter en pensant un peu à autre chose est l'un des moyens que l'on peut développer quand on veut avoir la paix! Il s'agit alors d'une attention partagée, distribuée, ce qu'il pratique aussi très bien et avec fluidité : un va-et-vient rapide entre ce que dit l'interlocuteur et ses propres idées. Quand l'enfant dans la lune pratique bien cette manière d'être «largement attentif», sans trop de profondeur de pensée, il se peut que ni vous ni les enseignants ne vous en aperceviez! C'est sans doute l'une des explications les plus tangibles à ses résultats scolaires tout à fait honorables. Il est plus dans la lune que vous ne le croyez, mais aussi beaucoup plus là que vous ne le pensez!

«Sans intérêt!»

Rien ne présage que la situation ou la consigne soient sans intérêt, mais c'est «la représentation» qu'en a l'enfant dans sa bulle et qui le rend très péremptoire. Il l'affirme comme une certitude : pas d'attrait = décollage immédiat!

Rose à la plage

«L'animatrice donna le signal de la fin de la séance et lança l'ultime exercice collectif et pédagogique : le rangement du matériel. Dociles, les enfants en file indienne rassemblèrent les seaux, les pelles, les grands élastiques et les ballons... Rose suivait la troupe, les bras ballants, ayant repris le cours de ses pensées... Cette fois, les yeux rivés sur ses pieds travaillant dans le sable. Elle semblait ancrée dans le sol.»

TROIS PISTES À MÉDITER...

Il est dans la lune parce que :

— **Ça ne l'intéresse pas.** Il faudra revaloriser les contenus, mais aussi lui apprendre à mieux considérer les émetteurs de contenus.

— **Il reste collé sur la lune.** La flexibilité de son attention est médiocre (il part dans la lune, mais ne revient pas). Il faudra donc travailler l'aptitude à revenir à un objet d'attention.

— **Sa capacité à être extrêmement focalisé est aussi un atout.**

Il y aura un vrai travail à mettre en œuvre pour situer ses talents et faire en sorte qu'il dispose de plages de temps pour exprimer ses ressources personnelles.

À RETENIR

- L'attention est aussi une affaire de développement des sens, notamment de la vue et de l'ouïe.
- L'enfant dans la lune a une excellente capacité d'attention... pour ce qui l'intéresse !
- Repérez comment il réagit face à une consigne : un peu, beaucoup, pas du tout !

« Être dans la lune »

en portugais

Cabeça na lua

PARTIE 3

POURQUOI ET COMMENT ALLEZ-VOUS L'AIDER ?

« Faites que le rêve dévore votre vie
afin que la vie ne dévore pas votre rêve[46]. »

46. Antoine de Saint-Exupéry, *Le Petit Prince*, 1943.

«La rêverie assemble de l'être autour de son rêveur. Elle lui donne des illusions d'être plus qu'il est[47]*.»*

Désormais, vous êtes au point pour vous lancer ! Comme pour tout projet, il convient d'avoir les idées claires sur le pourquoi et le comment de votre engagement. Ce sera le thème du premier chapitre.

Cela vous permettra ensuite d'engranger efficacement des solutions pour co-construire avec votre charmant lunaire de belles façons de mieux se connaître, d'identifier ses talents ; mais aussi de valoriser ses propres pensées, les mettre en forme, les médiatiser... Ce sera également une invitation à coopérer avec les autres, à s'intéresser à leur existence et à leurs idées ; et ainsi cultiver le dialogue et vivre en harmonie. Tout cela en apprenant à ménager ses moments de rêverie qui lui sont si précieux.

Pour compléter ces parcours que vous allez découvrir, chemin faisant avec votre enfant, nous ferons deux petits détours pour regarder la vie quotidienne autrement, en famille et à l'école.

Tout ne sera pas résolu et il n'est pas question de transformer votre enfant dans la lune en un « super-vigilant » ! Son tempérament est là, avec ses défauts, mais aussi ses grandes qualités. Votre évolution d'un même pas vise à aider votre enfant à mieux se centrer pour être en mesure, à la fois de cultiver ses voyages en pensées tout en sachant, de manière émancipée, être présent à son environnement.

C'est un chemin qui demande du temps et de la constance, mais qui comporte aussi de belles découvertes humaines. Nous allons ainsi préparer les meilleures conditions possibles pour qu'émerge grâce à ce nouveau savoir-être une belle conquête d'autonomie !

47. Gaston Bachelard, *La Poétique de la rêverie*, 1960.

CHAPITRE 1

VOTRE MISSION, SI VOUS L'ACCEPTEZ...

Votre enfant a sa manière bien à lui d'appréhender la vie et, dans votre for intérieur, vous pensez que c'est un atout. Mais dans notre monde de compétition, où les termes de « réussite scolaire », d'enfants dits « populaires » dans les cours d'école, de course incessante sont promus, vous aimeriez bien que votre héros change tout de même un petit peu. Histoire de ne pas être brinquebalé par l'existence. Et pour ces deux ressentis, votre appréciation de parent est pertinente. Il s'agit de mettre en place quelques ajustements pour que votre enfant se détende dans un contexte social, tout en préservant cette belle créativité dont il est doué.

Dans ce chapitre, nous allons poser les raisons de ce nouveau chemin qui répondra en douceur à votre challenge. Car il faut vous l'annoncer d'emblée : ce ne sont pas ses enseignants - qui font face à des groupes-classes bien complexes et n'accueillent votre enfant que le temps d'une année de son enfance - qui pourront totalement prendre en charge cet accompagnement.

POURQUOI EST-IL IMPORTANT DE LUI PROPOSER QUELQUES ADAPTATIONS ?

Mais, après tout, pourquoi changer ?

Les plus radicaux d'entre vous partiront du principe que, doté d'une telle indépendance et d'un tel flot d'idées, un enfant dans la lune a surtout besoin d'être conforté dans son attitude et que les autres pourraient tout aussi bien s'adapter à lui. Faut-il vraiment les faire atterrir dans ce brouhaha quotidien, parfois si pauvre intellectuellement ? Pouvons-nous pour autant les laisser en repli et réfractaires aux relations humaines ? Doit-on adhérer à cette propension de rectifier les enfants (avec « trouble », en « déficit ») au nom d'une norme qui se transforme au fil des classes d'âge et des contextes ? Avons-nous la possibilité de préserver ces jeunes créatifs de l'uniformité du monde dans lequel nous vivons ?

La promesse de belles découvertes

L'être humain est un être social qui évolue, qu'il le veuille ou non, dans un contexte sensoriel, affectif, relationnel qu'il ne peut pas tout à fait éluder. Ouvrir la voie à une autre manière de vivre en société est aussi la promesse de belles découvertes, d'une expérience plus harmonieuse avec autrui.

Nous avons abordé la notion d'énaction, ce potentiel que toute expérience nous procure, nous modifiant en enrichissant notre présence au monde. C'est une belle promesse ! Certes, quelques grands génies artistiques ou scientifiques, au nom de leur œuvre, se désengagent de la vie ordinaire grâce à la présence d'un entourage admiratif et aux petits soins. Bien qu'on puisse aussi remarquer que les « grands » ont toujours puisé à la source de leurs contemporains et pas seulement de leur « jus de cerveau » ! Mais, pour la très grande majorité des enfants rêveurs, l'existence consistera à entrer dans la réalité sociale, avec ses dimensions d'altérité, de contreparties et d'interactions. Non pas apprendre à éviter, mais à participer avec intérêt et sérénité.

Marguerite Yourcenar, écrivaine

« Le premier devoir de l'écrivain me paraît avant tout être l'attention. Une très grande attention à ce qu'il sent, ce qu'il éprouve lui-même ; une attention que je dirais presque médicale, scientifique pour ne pas se flouer soi-même et une immense attention à l'univers qui l'environne[48]. »

ILS PARLENT LUNAIRES !

48. Marguerite Yourcenar, *Entretiens*, Radio Canada. 1983.

Vous ne serez pas toujours là pour compenser

En grandissant, si vous laissez la situation en l'état, votre petit candide sera bien démuni dans son entrechoquement avec le réel. Il aura tendance à chercher à vivre avec des terriens (d'autres) qui le prendront en charge, plus ou moins vertueusement. Qu'il s'agisse de son couple ou de sa vie professionnelle, là où il cherchera un associé «les pieds sur terre»; mais aussi, là où il préférera, plus ou moins en conscience, choisir une profession en deçà de ses talents, pour vivre sans trop d'efforts, de confrontations ni de responsabilités. Préserver sa bulle sera toujours sa priorité, n'ayant en fait pas d'autre choix. Ce que son entourage d'adulte comprendra difficilement : logique! Puisqu'il aura tendance à choisir de s'entourer de terriens!

À la découverte de l'altérité à travers des relations équitables

Dans ce monde brutal, son attitude réservée peut être une précarité. Il est question ici d'acquérir un peu de vigilance pour ne pas être cette personne fragile que les prédateurs, les leaders offensifs et autres dominants aiment à bousculer et même à malmener. C'est d'ailleurs parce qu'il en a la prescience qu'il ne s'avance pas dans le monde. Moins il ose, moins il ose, pourrait-on dire... Et plus il s'évade dans les nuages pour ne pas faire face à ce monde-là! Mais loin de nous l'idée de lui forger une carapace solide ou d'en faire un guerrier : son tempérament est aux antipodes de ces postures. Tant mieux! L'idée sera de valoriser les flux, les échanges et de l'initier à la découverte des humains, à travers des relations équitables.

Antoine de Saint Exupéry, écrivain
«J'ai des amis à découvrir et beaucoup de choses à connaître[49].»

ILS PARLENT LUNAIRES!

49. Antoine de Saint-Exupéry, *Le Petit Prince*, 1943.

Paradoxalement, un moyen de protéger ses moments de rêverie

Plus détendu dans ses relations aux autres, mieux à même d'échanger et de savoir aussi dire « non » avec placidité, votre enfant saura mieux se situer. Il saura aménager son quotidien en étant, à certains moments, partie prenante en matière de convivialité, de conversation, ou parfois de conflit, ce qu'il saura mieux braver. Ses temps de rêverie et de solitude, si régénérants pour sa vitalité, ne seront plus son expérience unique et occlusive, mais des plages d'inspiration nourries de ses rencontres, de l'écoute de son entourage, de l'attention portée aux autres. Voici une image à partager avec lui : « Comme en pâtisserie, la levure fait pousser les gâteaux, dans la vie, ton imagination va faire grandir tes projets. »

Choisir sa voie dans un monde en réseaux ?

La restructuration des communications dans notre monde hyperconnecté a transformé nos manières de travailler. Il suffit d'écouter les salariés d'entreprises ou d'administrations pour saisir que leur quotidien repose sur l'injonction à participer dans une attention continuelle et tendue. Réunions, workshops, téléconférences, symposiums, conférences, formations, salons professionnels. Tout juste la médecine du travail insiste-t-elle pour que les employés lèvent la tête de leurs écrans afin de regarder au loin et ainsi déstresser tout en préservant leur vue !

Dans ces circonstances, la personne qui s'isole risque gros. C'est du moins ce qu'on lui fait entendre. Nous pressentons que les personnes peu enjouées par la promiscuité et par un faisceau permanent de consignes y sont malheureuses. Ce sera donc un véritable enjeu d'initier votre enfant, non pas à se conformer, à entrer dans le moule de telles organisations, mais à discerner ses talents pour élaborer son parcours personnel dans des contextes moins collectifs, moins inductifs, plus propices à son épanouissement. Votre accompagnement continu de la petite enfance à l'adolescence va lui assurer de mieux se connaître pour choisir ses activités et une orientation adéquates.

L'épreuve de réalité

Installé confortablement dans la ouate de son nid, l'enfant dans les nuages aménage une zone de confort et de plaisir qu'il pilote sans contradiction. Toute votre démarche consistera à rouvrir cet espace virtuel peu déterminé pour, en douceur, démontrer qu'il est compatible avec un monde réel auquel on est amené à participer. Il s'agira de lui apprendre à « faire face », grâce à une meilleure centration de soi.

Robert Neuburger, médecin et psychiatre, psychanalyste, thérapeute de couple et de famille
« L'effet de l'épreuve de réalité est de contraindre l'adolescent à limiter son processus d'automythification qui, s'il a le mérite d'aider celui-ci à créer un espace, ne comporte pas par lui-même de limites à son expansion : l'épreuve de réalité est ce qui, par la chute mythique qu'entraîne la rencontre avec des obstacles réels, permet la prise en compte de l'existence d'un monde extérieur avec d'autres êtres qu'il conviendra de respecter[50]. »

PAROLE D'EXPERTS

COMMENT ALLEZ-VOUS LE METTRE AU MONDE… UNE DEUXIÈME FOIS !

Nous avons dit changer… mais pas trop !

Cette démarche subtile est entre vos mains : aider votre enfant à évoluer dans la communauté de ses contemporains tout en préservant cette créativité non entravée qui est la sienne. Trouver ce juste milieu où il ouvre les yeux sur le monde et en même temps reste contenté par ses rêveries et sa pensée.

50. Robert Neuburger, *Les Territoires de l'intime*, éditions Odile Jacob, 2000.

Pourquoi est-ce vous qui serez à la manœuvre ?

Vous avez déjà été l'objet de beaucoup de conseils plus ou moins pertinents. Vous avez entendu bien des théories plus ou moins bien adaptées à votre petit rêveur. Si vous êtes conscient qu'il serait bon de l'aider, parfois en étant épaulé par des professionnels de l'enfance, vous avez aussi l'intuition que les aides extérieures ne pourront pas tout. Et c'est une bonne intuition. Car selon cette représentation du monde si commune aux enfants dans la lune, lui et vous êtes sur une bonne planète, préservée du boucan du monde.

C'est donc vous qui pouvez être symboliquement celle ou celui qui va doucement lui ouvrir les portes sur le monde, sur les autres, un certain réel partagé. Autrement dit, le mettre au monde une seconde fois ! Fendre la membrane protectrice qu'il met en place. Osez cette aventure qui comporte d'ailleurs peu de risques. Tout cela bien sûr reste ouvert et, si vous en ressentez le besoin, votre pédiatre, votre médecin de famille peuvent vous accompagner pour trouver un psychologue en mesure de faire un peu de chemin avec vous. Mais ce que vous aurez engrangé par cette lecture vous permettra de mieux comprendre la situation dans laquelle un rôle primordial vous est attribué.

Jacques Attali, économiste, écrivain et haut fonctionnaire
« Dans un monde aujourd'hui insupportable et qui le sera bien plus encore pour beaucoup, il n'y a rien à attendre de personne. Il est temps pour chacun de se prendre en main... Pour vous débrouiller, pour réussir votre vie, ayez confiance en vous. Respectez-vous. Osez penser que tout vous est ouvert. Ayez le courage de vous remettre en question, de bousculer l'ordre établi, d'entreprendre et de considérer votre vie comme la plus belle des aventures[51]. »

ILS PARLENT LUNAIRES !

51. Jacques Attali, *Devenir soi*, Librairie Arthème-Fayard, 2015.

C'est certain, cela ne viendra pas de lui !

Dans la mesure où l'enfant que l'on dit rêveur a mis en place un mode de vie qui lui est très confortable, il est évident qu'il ne voit pas pourquoi il lui faudrait modifier cette situation ! Vous, en tant que parent, avec une maturité d'adulte, vous voyez plus loin, plus large. D'une certaine façon, gentiment, vous allez le prendre par la main, l'initier au fait qu'on peut « faire autrement ».

Cultivez un dialogue régulier

C'est vrai pour tous les petits enfants, mais plus encore avec les enfants dans la lune : les bienfaits de votre dialogue régulier sont considérables, pas seulement pour parler de la pluie et du beau temps ; mais pour mieux comprendre ce qu'il pense, ce qu'il aime, ses représentations. C'est le préalable à tout travail que vous pourrez mettre en place au fil des ans et qui consiste à ce qu'il prenne conscience de sa manière d'être au monde, de qualifier ses aptitudes, ses talents, ses enthousiasmes et ses inconforts.

En grandissant, vers 10-12 ans, il saura peu à peu repérer ses modes opératoires : par exemple, le fait d'être stressé pour répondre à une consigne, mais sa grande confiance en lui pour une activité qu'il a élue comme sa passion. Il saura détecter comment cela surgit, se gère dans ses pensées autant que dans son corps. Le dialogue que vous allez cultiver est d'autant plus important pour les enfants rêveurs que cela ancre chez eux la possibilité de se confier, de s'ouvrir enfin un peu. Et qui mieux que vous peut offrir cette première opportunité ?

De la douceur et de la constance

Votre propos n'est pas de le « changer » à tout prix, sur le mode mécaniste : « Tu ne peux pas continuer à fonctionner comme ça ! » Tout d'abord parce que nous avons vu que, même avec vous, en l'état des choses, il est un rebelle aux demandes et commandes. Ces dernières sont contre-productives, ce qui nous amènera à développer d'autres stratégies. Et nous devons le plus grand respect à leur mode de pensée, que l'on reconnaît à ceux qui élaborent des œuvres d'art ou de grandes inventions. Enfin, parce qu'en créant un cadre significatif dans lequel vous l'aiderez à évoluer par lui-même, il va mieux structurer son rapport aux autres, au temps, à sa place. C'est la douceur protégée qui crée la liberté de s'accomplir.

Pourquoi ces changements sont-ils facilement atteignables ?

Nous l'avons remarqué : l'enfant rêveur n'a pas en soi de difficultés cognitives. J'ai souvent constaté combien la situation semblait facile à dénouer. Nous sommes en effet plus dans la situation de rassurer, donner confiance, autoriser aussi, même si cela vous paraît un terme fort. Les changements seront au rendez-vous, car votre enfant rêveur en a les pleines capacités. Ce qu'il n'a pas vraiment, ce sont le goût et l'envie, donc la motivation. Toutefois, ces changements reposeront sur votre constance à l'accompagner très gentiment… mais très fermement. Il s'agit de faire éclore sans briser. De prime abord, cela semble ambitieux, mais c'est très enthousiasmant, car tout à fait accessible ! Rappelons-nous qu'avec vous, cet enfant dans les nuages est souvent très accommodant.

PRÉSERVEZ SA CRÉATIVITÉ TOUT EN L'OUVRANT AU MONDE

Je vous avais fait une confidence au début de ce livre. Celle d'avoir vécu une enfance et même une adolescence « dans la lune » et d'avoir « corrigé » cette manière d'être par moi-même, au détriment de mes sources de créativité. J'y ajoutais ce dont je souhaite vous convaincre : s'il est pertinent de changer, de mieux vivre son altérité, en ouverture de soi envers les autres, en accueil de ce qu'autrui est en mesure de vous offrir, il est tout aussi important de veiller à ne pas dégrader cette merveilleuse créativité, ce goût pour la beauté et sa contemplation, qui font toute la poésie des lunaires, petits et grands.

Respectez l'entraînement de sa vélocité mentale

À travers ces pages, vous avez déjà saisi l'enjeu : votre enfant est riche de ce potentiel d'invention et de «ponts entre les choses» que beaucoup peuvent lui envier et dont il faut préserver la bonne fortune. C'est qu'il a un entraînement permanent de sa pensée à élaborer, extrapoler, mettre en relation, ne pas réduire et rationaliser la matière brute d'une idée qui surgit. De ce travail en continu, il obtient une grande vélocité mentale. C'est moins qu'il serait précoce par un phénomène biologique que par cet exercice intime très soutenu qu'il ne partage avec personne, pas même avec vous. Il nidifie sa pensée et ne tient pas à la partager. Cela fera partie de notre accompagnement que d'abaisser ces barricades.

La créativité, lecture sublimée du monde

Le regard perdu... est celui d'un enfant qui part loin de la réalité, pensons-nous, adultes cartésiens que nous sommes. Les enfants dans les nuages partagent très souvent ce goût immodéré pour les éléments, l'espace, la nature comme supports à leurs divagations. Adultes et enfants environnants savent que, dans ces cas-là, «on les perd». C'est une dimension de contemplation que l'on associe rarement à l'enfance. C'est bien sûr à moduler selon l'âge des enfants.

Rose à la plage

«Rose, elle, avait le regard perdu vers l'horizon et la mer. Elle mettait la tête en arrière pour contempler tout le bleu du ciel. L'immensité sans limites d'un ciel d'été.»

Ce qu'en disent les neurosciences

De récentes études[52] en neurosciences établissent que la créativité n'est pas relative à une région du cerveau en particulier, mais à une connectivité synchronisée de trois réseaux cérébraux : le réseau du mode par défaut (rêverie), le réseau de saillance (captation des indices signifiants) et le réseau de contrôle exécutif (le traitement, la réalisation). La créativité est ici comprise comme la capacité à résoudre des problèmes et trouver des solutions inédites, ce qui se rapproche plutôt de l'innovation en entreprise et s'éloigne de la création d'une œuvre d'art. Il existe, comme l'a souligné Howard Gardner, différentes formes de la créativité[53]. Bien qu'apprendre que les créateurs ne mobilisent pas les mêmes énergies que la personne lambda soit une intuition que nous avons tous, ces constats sur le câblage neuronal commencent à travailler sur l'émergence créatrice, beaucoup plus complexe en matière de sens, de perceptions, d'inconscient et de culture.

Henri Bergson (1859-1941), philosophe

«... Mais, de loin en loin, par un accident heureux, des hommes surgissent dont les sens ou la conscience sont moins adhérents à la vie. La nature a oublié d'attacher leur faculté de percevoir à leur faculté d'agir. Quand ils regardent une chose, ils la voient pour elle, et non plus pour eux. Ils ne perçoivent plus simplement en vue d'agir; ils perçoivent pour percevoir – pour rien, pour le plaisir. Par un certain côté d'eux-mêmes, soit par leur conscience, soit par un de leurs sens, ils naissent détachés; et, selon que ce détachement est celui de tel ou tel sens, ou de la conscience, ils sont peintres ou sculpteurs, musiciens ou poètes. C'est donc bien une vision plus directe de la réalité que nous trouvons dans les différents arts; et c'est parce que l'artiste songe moins à utiliser sa perception qu'il perçoit un plus grand nombre de choses[54].»

ILS PARLENT LUNAIRES !

52. Emmanuelle Volle, neurologue et chercheuse à l'Institut du cerveau et de la moëlle épinière (ICM) - Salpêtrière Paris : https://bit.ly/2XMjkme.

53. Howard Gardner, *Les Formes de la créativité*, éditions Odile Jacob, 2001.

54. Henri Bergson, *La Pensée et le Mouvant*, PUF, collection Quadrige n° 78, 2013.

Rêverie, captation, mais quid de l'exécution ?

L'enfant dans la lune, au fil du temps, fait de cette aptitude un talent. Sa pensée vagabonde permet que ce qui est indéterminé, ce qui est encore inconnu, prenne forme sans *a priori* rationnel. Vous êtes désormais familiers de sa rêverie ; vous avez repéré combien certains signes saillants de la réalité peuvent interpeller son imagination et lui servir de piste d'envol ; mais vous restez circonspects à propos de l'un des grands paradoxes de votre enfant : il sait être très affûté dans son attention quand il s'agit de réfléchir et de créer, mais reste très pataud pour le reste. Il perd ses affaires partout, semble dépourvu du sens de l'orientation, mais il crée des dessins formidables, s'astreint à un exercice de solfège ou réalise des petits objets, supports de futures histoires. La fonction exécutive est chez lui très bien installée, mais uniquement convoquée pour ses projets personnels.

Tonalité artistique ou disposition scientifique ?

L'émergence créative peut prendre bien des chemins, mais l'on peut percevoir, dans les témoignages de parents, qu'il se distingue deux grands champs d'exploration des enfants imaginatifs : la voie artistique et la tendance ingénierie !

Je vous soumets cette observation qui peut nourrir votre réflexion. En documentant ce livre à propos des lunaires célèbres, j'ai constaté que l'on ne notait pratiquement jamais ce trait de caractère chez les artistes alors qu'il existe une liste impressionnante de grands scientifiques complètement « perchés ». Il semble que, parmi les rêveurs devenus plus tard artistes, beaucoup convoquent l'alliance d'une énergie corporelle et mentale. Celle-ci forme leur expression au cœur d'un phénomène de fluidité. Il semble que dans et par leur œuvre, un contentement vital s'instaure. Alors que les grands chercheurs, les ingénieurs, les scientifiques vivent bien évidemment des émergences fulgurantes que leur rêverie alimente - autrement, il n'y aurait pas de grandes découvertes -, mais leur attention se doit, dans leur activité, de se focaliser. Une fois dans le monde prosaïque, ce sont de grands distraits de la vie ordinaire. L'amplitude entre la profondeur et la précision de leur travail semble associée à leur soustraction de l'intendance du quotidien.

Le cas André-Marie Ampère (1775-1836), mathématicien, physicien, chimiste, philosophe

« Ampère se rendait à son cours. Il trouva sur sa route un petit caillou qu'il ramassa et dont il se mit à examiner curieusement les veines bigarrées. Tout à coup, le cours qu'il devait faire revint à son esprit ; il tira sa montre de sa poche et s'apercevant que l'heure approchait, il doubla précipitamment le pas, remit soigneusement le caillou dans sa poche et lança sa montre par-dessus le parapet du pont des Arts[55]. »

ILS PARLENT LUNAIRES !

Amusez-vous à rechercher sur Internet bien d'autres cas : Archimède, Thalès, Newton, Jacques Hadamard (qui inspira les personnages de Cosinus et du professeur Tryphon Tournesol).

À RETENIR

- Il est important de ne pas laisser la situation en l'état pour que votre enfant trouve sa place en société.
- C'est vous, parent, qui serez le mieux à même de l'aider.
- Votre enfant a besoin que votre accompagnement le rassure pour prendre son envol.
- Lui ouvrir le chemin vers le monde doit avoir pour complément de protéger sa créativité.

55. Pierre Larousse, *GDU (Grand dictionnaire universel du* XIX*e siècle), article Ampère,* 1866-76.

CHAPITRE 2
VOTRE ACCOMPAGNEMENT, SI SOUPLE !

Pour votre enfant, vous allez sanctuariser une ressource rare, donc précieuse : votre temps. Bien sûr, votre quotidien continuera de comporter beaucoup d'intendance, d'organisation de la famille, selon les rythmes des uns et des autres. Et donc des exigences de résultat, des commandes, des recalages, pour que toute votre maisonnée... roule. Mais pour votre enfant sensible, poète, pas toujours là, il vous faudra prendre le temps de son accompagnement. Pour l'aider à devenir un être mieux centré, plus à l'aise et moins farouche. Le plus important sera de garder à l'esprit que votre accompagnement reposera beaucoup moins sur le mode de consignes extérieures – « mets tes chaussures, écoute-moi quand je te parle » – que dans la mise en place de situations que votre enfant, en les vivant par lui-même, en première personne, incorporera à son expérience vécue. L'émergence en soi d'un ressenti nouveau dans sa relation aux autres, dans l'expression de ses talents, dans son contentement à mieux structurer son temps, modifiera peu à peu sa présence au monde. Et pour lui-même, cela transformera aussi ce monde qu'il percevra autrement : plus accueillant, plein de « possibles », donc le tremplin à tous les projets à venir.

LE FIL ROUGE DE VOTRE ACCOMPAGNEMENT

Petit détour par la théorie de l'attachement

Beaucoup de parents d'enfants dans la lune décrivent le bonheur d'avoir un tel enfant si sympathique. Certaines, certains se demandent en même temps si leur fille, leur garçon n'est pas resté(e) un peu trop collé à eux. Il est bien naturel pour un petit enfant de vivre cette période d'attachement si fondamentale pour le reste de son existence. Il s'agit là d'un socle d'assurance, de confiance qui, malmené, engendre bien des fragilités de ressentis, de comportements inadéquats, de perte de sens de sa vie.

La théorie de l'attachement a été élaborée par le psychanalyste britannique John Bowlby à la fin des années 50. Elle repose sur l'observation des relations interpersonnelles qui s'établissent dès la naissance entre le bébé et ses figures d'attachement, ses parents en première intention. La vision/lecture des visages (découvrir le visage-paysage du parent/observer les réactions de bébé), le ton de la voix parentale, la manière d'être dans les bras/de porter bébé, ce qui est dit de part et d'autre (douceur, confiance, rires, étonnement) engage un dialogue en continuum qui sécurise (ou pas) l'enfant. Les travaux de Bowlby s'inscrivent dans une démarche où l'expérience première du bébé est pensée comme une dynamique d'interactions réciproques, mentales et corporelles : cette découverte mutuelle qui interagit entre le bébé et ses figures d'attachement modifie en continu la relation elle-même et la place de chacun dans cette jeune organisation. Elle singularise une connaissance, tant du nouveau-né que de ses parents.

Toutes les composantes de la qualité de cette relation initiale forment ainsi un dispositif interne, une incorporation par l'enfant du sentiment de sécurité à travers ses figures d'attachement, et au-delà. C'est une base pour les futurs modes relationnels que le petit enfant, vers trois ans, va accommoder au monde socialisé qu'il rencontre.

C'est d'évidence un indice majeur pour comprendre l'enfant lunaire et sa carte du monde. L'intégration de ses figures d'attachement et de son sentiment de sécurité est pleinement acquise. À la maison, sa famille en continuité de vous est bien dans le giron de sa zone rassurante. Seulement voilà, il s'est, à votre insu, arrêté en chemin. Il semble ne pas avoir le code pour traverser le monde et, de fait, il se dispense d'y participer. Tout votre projet va consister à le rassurer. Vous allez, par la parole ou par quelques suggestions non verbales, le conforter : « Mais oui, ose, tu peux le faire ! »

Trajectoire : de la poche placentaire au monde phénoménal !

Pour résumer la manière dont vous allez l'accompagner, pensez à revisiter ce petit schéma de carte du monde en page 65. Cela ne s'applique pas à tous, mais constitue un bon support de réflexion.

Vous partirez d'activités à deux, selon son idée du cocon. Puis, vous ouvrirez à des personnes proches tout en favorisant son autonomie dans ses compétences (à savoir nager, faire du vélo...). Vous vous estomperez au profit d'une personne qui appartient encore au cercle familial (tante, oncle, grands-parents...) qui le sécurisera tout en lui faisant vous lâcher la main. Cela aura pour vertu d'attiser son attention puisque l'activité sera gérée un peu différemment. Puis, vous pourrez l'amener à coopérer hors de la maison, par exemple avec un petit voisin qu'il connaît bien. Vous veillerez à lui attribuer un ou des rôles qui engagent son action, le responsabilisent et, peu à peu, nourrissent son autonomie : aller chercher le pain avec quelqu'un qui explique les séquences de cette aventure, puis y aller tout seul. Regarder à gauche et à droite avant de traverser. Recompter la monnaie tout en... rapportant le pain (c'est mieux!). Peu à peu, par petites touches, mais avec une grande régularité, vous allez l'amener par imprégnation à participer au cœur du cercle doux et réconfortant de sa famille... et bien plus loin !

Puis, progressivement... plus loin, avec d'autres

Ensuite, il sera question d'intégrer un ou deux amis... de lui faire comprendre que l'enseignant n'est pas le substitut de papa ou maman et ne peut contenter son envie d'exclusivité. Lui faire découvrir que de faire, faire avec les autres, apprendre à plusieurs est source de surprises et d'imprévus : cela tombe bien, lui qui déteste les répétitions !

Peu à peu, à travers cette jeune autonomie, émergera en lui une promesse de grande liberté. Cette expérience positive, il aura envie de la reproduire, d'en maintenir le niveau de satisfaction. Il l'aura incorporée, c'est-à-dire qu'il l'aura rendue familière à toute son expérience d'être et jusqu'à son identité.

Pour en revenir à votre rôle, gardons en tête le petit schéma : votre mission est de percer la poche placentaire de son cocon familial et de repeindre en couleurs ce monde qu'il ne voit en première intention que comme une zone de gris !

Moins de consignes extérieures, plus d'émergences en soi

Ses absences, sa présence en creux vous ont souvent conduit à vous énerver, à avoir envie de le gronder, à crier quand il reste suspendu aux étoiles. Vous avez redoublé d'instructions, de demandes, d'ordres, même ! Et ces interventions extérieures sont restées sans grand résultat.

Proposons un autre chemin, des découvertes qui lui offriront, au cœur de son intériorité, de mieux se connaître, mieux ressentir sa propre présence, celle des autres, la qualité des relations. Faire s'installer en lui, par l'expérience des situations, tout le bénéfice qu'il y a à être là, présent à soi et aux terriens, ses voisins. Et puis, après quelque temps, grâce à cet affinage de la connaissance de soi, distinguer ses talents ; là où pourront se potentialiser ses goûts et compétences avec sa soif d'imaginaire et sa capacité si rare d'élaborer tout seul.

Maria Montessori, pédagogue[56]
« L'enfant n'est pas un vase que l'on remplit, mais une source qu'on laisse jaillir. »

ILS PARLENT LUNAIRES !

56. Maria Montessori, *L'Enfant*, 1935, réédition des éditions Desclée de Brower, 2018.

Une posture : les tout petits changements

Au cœur de votre équipage, n'oubliez pas que tout changement en soi est lent. Les choses ne s'installent pas de manière binaire, comme quand on appuie sur un bouton et que l'on exige rapidement un résultat.

Et quand le problème vous semble insurmontable, eh bien, découpez-le en petites tranches ! Il n'aime pas les groupes ? Invitez un copain à la fois, puis deux, puis trois... Il n'aime pas le sport ? Allez juste à deux à la piscine pour des séances courtes afin de ne pas épuiser sa motivation. Peu à peu, vous allongerez les séances pour finir sans doute par passer un après-midi entier au bord du bassin. Des petites choses, sur de petits temps, mais où l'attention est demandée à 100 %...

Sur la forme : soyez un peu théâtral !

Tous les enfants aiment quand vous en faites des tonnes pour les complimenter : « Magnifique ! », « Formidable ! », etc. Ils savent très bien que vous exagérez, que vous êtes sorti de votre rôle sérieux et enveloppant de parent. Ça les fait rire et, dans une boucle vertueuse, cela installe un véritable contentement de réussite. Avec les enfants distraits, c'est un phénomène saillant qui retient encore plus leur attention. Effet positif garanti !

ÉLARGIR LE CHAMP DE SES PERCEPTIONS

Apprendre à vivre ses sensations

Vous vous en faites la remarque : votre enfant n'est pas très ancré dans son schéma corporel et c'est souvent à sa « tête dans les nuages » qu'on fait référence plus qu'à son corps. Son éducation sensorielle est donc à revisiter en douceur. Mais, vraiment, c'est une dimension primordiale pour s'assurer qu'il qualifie mieux son expérience vitale. Voici quelques pistes :

L'ouïe : nous l'avons beaucoup souligné, il n'écoute pas et s'évade des conversations. Il est donc intéressant de provoquer le dialogue avec vous, d'entretenir les papotages, les impulser avec ses frères et sœurs. Les livres audio, selon l'âge, sont aussi une excellente ressource. L'initiation à la musique par des jouets, puis de vrais instruments fait souvent merveille.

La vue : la discrimination, la capacité à trouver quelque chose dans la maison, à repérer ses affaires dans son casier de classe… Autant de capacités qui se travaillent par le jeu. Par exemple, ce petit défi que toute la famille peut faire en voyage : on cherche sur la route toutes les voitures rouges, puis les camions bleus; trouvez ces formidables albums tel que *Où est Charlie ?*[57], procurez-vous le petit jeu de cartes *Colori Duo* (Gigamic). Vous trouverez également de nombreuses applications sur les plateformes de téléchargement en indiquant « enfant + attention ». Vérifiez toutefois l'âge indiqué pour ces supports numériques afin de bien les adapter à la maturité de votre enfant. Travaillez ces compétences, c'est essentiel.

Le goût : c'est un sens que l'on peut explorer facilement avec les enfants. Sais-tu vraiment ce que tu manges ? Les textures, les parfums, le sucré, l'amer, le salé ? Cela vous demandera d'éteindre la télé, de manger à son rythme, d'échanger sur vos sensations du moment. Prenez le temps d'investir dans la séance !

Le toucher : l'un des meilleurs supports est le sac mystère de la méthode Montessori qui consiste à ce que l'enfant plonge la main dans un sac rempli de petits objets et annonce, avant d'en sortir un, de quoi il s'agit. C'est une éducation à l'attention et à la préhension fine très intéressante ! Dans le quotidien de la maison, durant vos loisirs, faites-lui expérimenter la qualité de son toucher : le rugueux de la pierre ponce dans la salle de bains, la douceur du tissu du canapé, la finesse du sable entre ses doigts. C'est une éducation à la

57. Martin Handford, *Où est Charlie ?*, éditions Grund, 1998.

présence immédiate qui développe beaucoup de la conscience de soi dans l'instant.

L'odorat : plus délicat à travailler, souvent associé au goût, on pourra tester plein d'odeurs autour de soi et surtout demander à l'enfant ce qu'il aime, les odeurs qui le dérangent pour qu'il conscientise et s'approprie ce sens. Nous avons des manières très personnelles, animales de nous situer par l'odorat. On trouve en magasin et sur Internet de nombreux supports : des « lotos des odeurs », des « route des épices », ou encore de petites fabriques de parfums.

Cette éducation aux sens est essentielle pour les enfants en général et particulièrement pour les petits lunaires afin qu'ils s'ancrent dans leur réalité corporelle et évoluent plus harmonieusement dans leurs découvertes. Les sens nous permettent de nous repérer, d'évaluer, de nous situer, d'apprécier, de nous ressentir présent et de nous souvenir de nos émois : n'oublions pas la madeleine de Proust ! Cette éducation sensorielle est l'un des socles humanistes de notre attention, donc de notre expérience de vie.

Faire ensemble des choses manuelles : la cuisine

Faire des choses est un bon moyen de centrer son attention et de coopérer. Même si vous êtes nul(le) en cuisine, cette activité sera un véritable atelier d'expérimentation pratique pour vous comme pour votre enfant. Dès trois ans, c'est possible et, avec les années, on peut complexifier la séance. Pour les petits, on pourra faire, par exemple des roulés de pâte feuilletée avec des mini-saucisses, le tout passé au four. Pour les plus grands, cela permettra de réviser ses acquis scolaires (calcul, proportions, lecture de consignes, poids et mesures !). C'est un magnifique exercice en temps réel. Avec la fierté d'avoir réalisé soi-même... « une œuvre ! » : « C'est moi qui l'ai fait ! »

Découvrir ensemble ses compétences physiques

Loin du regard d'autrui, vous allez l'amener à découvrir la joie de faire évoluer son corps dans l'espace, de prendre conscience de ses compétences, de réaliser une pratique : savoir nager, faire du vélo, escalader un rocher...

S'il est rétif à l'exercice, c'est souvent parce qu'il a peur d'être ridicule et son côté perfectionniste est rebuté par l'expérience. Ce sera donc aussi un bon moyen de faire remarquer que l'hésitation, l'échec, le ratage, ne sont que des calages pour accéder à une fluidité du geste. Une fois ces capacités bien incorporées, ce sera la promesse de bien des jeux... avec vous, mais bientôt avec d'autres également.

Néanmoins, pour apprivoiser votre gentil énergumène, le mieux est de débuter à deux. Particulièrement les petits garçons avec leur père (ou un référent masculin), qui leur permettra de mieux inscrire leur corps dans une sorte de « même » rassurant. Lorsque l'on sait faire, le processus d'énaction se met en place (cf. page 97). Quelque chose en soi est modifié, l'image de soi rafraîchie et le regard porté à l'action mieux maîtrisée, complètement différent. Ainsi se fait-on toute une histoire de ne pas savoir faire du vélo. Mais quand on sait pédaler en équilibre, l'expérience de la mobilité, l'agrément du paysage fondent une autre dimension de soi et de l'expérience. Le paysage lui-même a changé. Avoir traversé cette expérience de vie est un geyser d'émotions en soi. L'envie de se lancer devient une joie !

Peu à peu, mieux se situer dans son environnement : dans la ouate, une réalité sans bords

Un début et une fin. Un intérieur et un extérieur. Le jour et la nuit. Autant de repères que les hommes ont conceptualisés et qui organisent l'existence de chacun, à partir d'observations et de consensus posés. L'enfant dans la lune trouve, lui, sa zone de confort dans une réalité sans bords, du moins des territoires flous où il se sent bien. Ainsi, il y a moins à choisir, moins à sélectionner, moins à se situer. C'est dans cet espace que réside l'un de vos grands enjeux.

L'inscription dans le temps

La métaphore du cocon, de la poche placentaire évoque en nous un corps lové au chaud, dans la douceur, mais avec une perception du temps très diffuse. L'enfant lunaire s'inscrit peu dans le temporel, ce qui altère sa lecture des consignes, des calendriers, etc.

L'aider à revaloriser cette notion du temps, qui comporte aussi la notion de finitude, est très important. Après quelques semaines, quelques mois où cela lui sera désagréable, il parviendra à trouver un certain contentement à pouvoir commencer une activité et la finir, la clore pour passer à autre chose… « Il y a un temps pour être dans tes rêves et un temps pour être parmi nous. » C'est structurant, donc rassurant. C'est aussi la promesse de s'octroyer des bons moments à rêver en paix, inventer des engins et des histoires. À vous de vous présenter comme garant de cette possibilité, tant qu'il ne maîtrise pas les stratégies à mettre en place pour le vivre de manière autonome.

Avec une meilleure notion du temps, il pourra aussi affiner ses choix, hiérarchiser ses priorités, tenir des délais. Parmi les astuces, un petit cadeau pourrait alimenter vos échanges : offrez-lui une montre à cadran. Évitez la trotteuse, il serait capable d'en suivre le mouvement et de partir dans ses rêves ! Mais ce type de montre est très utile pour s'ancrer dans le tempo de la journée.

Se repérer dans l'espace

Se repérer dans l'espace contribue grandement à notre vigilance et à notre présence dans le contexte du moment. Depuis une décennie, il est constaté que les jeunes, confiants dans leur smartphone, ont beaucoup perdu de cette capacité à s'orienter dans l'espace[58]. La

58. *Le Monde*, « Les jeunes savent-ils encore s'orienter sans GPS ? » (article de Gabrielle Ramai) - 25/07/2017 : https://bit.ly/2JAecN2.

plupart connaissent moins de cinq rues autour de chez eux. Sans GPS, ils sont perdus. L'enfant qui «pense à autre chose» est assez fragile pour cette compétence. C'est aussi ici une question d'ancrage. L'espace, chez lui, c'est l'univers dans sa tête, et l'univers immense, mais pas cette zone grise du monde quotidien. C'est pourquoi il perd ses affaires sans pouvoir repérer le moindre indice spatial.

Préconisons quelques petits exercices à faire ensemble, puis en autonomie : une balade dans le quartier pour repérer des façades atypiques, une statue, des odeurs, des couleurs, des bruits; le numéro d'un immeuble à l'angle de la rue. Ce sera utile pour faire des petites courses de quartier, le moment venu; établir en marchant ensemble 10 trucs remarquables sur le chemin de l'école. Offrez-lui un petit carnet pour qu'il fasse les dessins de ce territoire, avec les annotations qui en feront un parcours magique... et indicatif. Nous compléterons dans le chapitre prochain et sur la vie à la maison avec l'organisation de sa chambre.

Votre interrogation : et la psychomotricité ?

Beaucoup d'entre vous m'ont souvent demandé s'il ne fallait pas faire des séances de psychomotricité pour que votre enfant sache un peu mieux faire les choses et organiser ses affaires. C'est toujours une bonne piste, mais souvent, après quelques séances, le/la psychomotricien(ne) vous fera remarquer qu'il n'y a pas tellement de problèmes de coordination et tout au plus un peu d'inattention. Quelques exercices, un peu de manipulation fine comme de faire des animaux en perles de rocaille[59] et vous constaterez par vous-même que votre enfant est même assez doué dans ce type d'activité qui demande... beaucoup d'attention ! Précisons que la relation interpersonnelle avec le/la psychomotricien(ne) révèle souvent que dans ce dialogue privilégié, ce tête-à-tête enveloppant et rassurant, l'enfant dans la lune ose se lancer et faire. Vous pourriez bien ne plus le revoir parce qu'il est dans sa chambre en train de faire une baleine en perles de rocaille !

59. Beaucoup de livres sur les objets en perles de rocaille existent, en librairie ou en bibliothèque. Il suffit d'acheter des perles et du fil de nylon. Entre autres : Marie-Claude Burel, *Un monde fou en perles de rocaille*, éditions Fleurus, 2015.

Une ressource si riche de découvertes : la méditation

Il arrive souvent que, lors d'une conversation avec des parents d'enfants rêveurs, la seule évocation de la pratique de la méditation enclenche cette réponse : « Merci bien ! Il est déjà assez "parti" comme ça ! »

Pourtant, la pratique méditative à la mesure des jeunes enfants est une ressource formidable pour accéder à une attention mieux centrée, plus souple. Certaines écoles organisent des séances et des enseignants se forment pour aménager des temps calmes en classe. Mais on trouve aussi des centres spécialisés un peu partout, désormais. La méditation commence par la centration sur sa respiration, en prenant conscience du souffle et de sa verticalité dans le torse. Ce n'est pas facile du tout. Nous constatons très vite que de nombreuses pensées traversent l'esprit. Cette observation est riche d'enseignements. Ces pensées, cette voix intérieure « travaillent » en permanence. On peut tout à fait, avec de l'entraînement, calmer cette activité incessante.

Les enfants dans la lune y trouvent une véritable satisfaction et apprennent surtout à écarter gentiment cette activité mentale qui souvent les empêche d'être avec nous. Loin de les emporter ailleurs et plus loin que d'ordinaire, cela leur procure une centration bienfaisante. Cette souplesse mentale pour revenir parmi nous est un « plus » considérable dans leur gestion mentale. Peu de personnes en parlent mieux qu'Eline Snel, thérapeute néerlandaise qui a mis au point une méthode pour les jeunes et écrit le best-seller *Calme et attentif comme une grenouille*[60], qu'elle a conçu après avoir initié sa fille, qui ne trouvait pas le sommeil, à la respiration centrée.

---

60. Eline Snel, *Calme et attentif comme une grenouille*. Méthode de méditation pour les enfants... et leurs parents, + CD audio de séances pratiques, Les Arènes, 2012.

Eline Snel, thérapeute & auteure
«… Il suffisait que ma fille écoute moins les ruminations dans sa tête et qu'elle fasse descendre son attention, lentement, jusqu'au ventre ; elle devait essayer encore et encore jusqu'à ce qu'elle finisse par se calmer. Dans le ventre, il n'y a pas d'idées. Là se trouve la respiration qui, comme une houle douce, bouge constamment. Un mouvement doux, un mouvement apaisant… (…) La pleine conscience, c'est simplement être présent de façon consciente, comprendre ce qui se passe maintenant, dans une attitude d'ouverture et de bienveillance[61]. »

ILS PARLENT LUNAIRES !

L'ART DE DANSER AVEC LES FLUX DE LA VIE

Lorsque l'on dit d'un enfant lunaire qu'il est dans son monde, on utilise la représentation d'une intériorité et d'une extériorité. Comme si nous étions, les uns les autres, des personnages évoluant dans un décor. Or, nous le savons, la réalité est beaucoup plus complexe. Notre existence, corps, pensée, esprit, est enchâssée dans cette réalité avec laquelle nous avons à composer. Tout est interactions, échanges, résonances.

Les flux de nous-mêmes et du monde s'interpénètrent et interagissent. C'est une leçon de vie à laquelle on peut initier les enfants très tôt, notamment par l'éveil sensoriel, la notion de l'espace et du temps. Cela comporte aussi un pan plus symbolique : les flux, les échanges, c'est la qualité de notre relation à soi, aux autres, à notre communication en partage. Cela s'éduque et c'est à valoriser comme une beauté. Les gens qui montent des murs, s'enferment en eux-mêmes, ne peuvent accéder à cette dimension humaine si essentielle. Alors, puisque notre petit lunaire reste un peu farouche et un peu rétif, offrons-lui une meilleure adhésion à l'univers des relations ! Vous êtes, là encore, la personne la plus légitime pour mettre en mouvement cette énergie ! Voici quelques exemples de situations concrètes.

61. *Ibid.*

La première chose à faire : dialoguez !

Cela peut paraître une évidence, mais avec un enfant qui vit dans son monde, passe près de vous sans trop vous voir, construit seul « ses » représentations du monde, il est plus qu'utile de dialoguer, d'entretenir une conversation, premier palier de son ouverture à la pensée d'autrui. Il a besoin de s'exprimer pour mieux se construire. Dans la confiance qui vous lie, les choses sont « bonnes à dire ». Vous apprendrez aussi beaucoup de ses pensées du moment. Pratiquez l'exercice sans trop de jugement, en accueillant la parole de votre enfant, mais en rappelant toutefois la place de chacun dans l'exercice.

Savoir donner, savoir recevoir

« Donner » et « recevoir » sont deux notions couplées et qui sont à envisager dans un rapport d'équilibre. Les gens qui donnent tout le temps et détestent les cadeaux, ou l'inverse, sont des personnes qui disent beaucoup d'eux-mêmes dans cette posture. On peut l'observer pour soi-même et c'est une éducation importante, pratique, mais aussi symbolique pour les enfants.

Pour un jeune rêveur peu passionné par son entourage, c'est aussi une éducation à l'engagement, à l'attention portée aux autres, à l'accueil de ce que les autres vous offrent et de ce dont ils vous gratifient. Vous pourriez stimuler ces échanges : anticiper l'anniversaire d'un copain pour prendre le temps de réfléchir à ce qu'il aime et, si on ne le sait pas, tenter d'en savoir plus ; offrir des fleurs à sa mamie et en être fier, donner ses jouets à des enfants peu gâtés ce qui est une action éthique, pleine de valeurs (il existe plein de sites pour le faire et cela peut être un bon moment pour vous deux : choisir ce qu'il va donner/faire la description, apprendre à donner et se détacher).

Dire et écouter

Exercices de tous les jours, dire et écouter sont là aussi les deux faces d'une même pièce. Ce n'est pas si facile que cela. Mais « dire » se formalise et « écouter » a beaucoup à voir avec la considération envers les autres. Mais comment être en situation d'attention si on fait « bla bla bla » sans écouter les autres, ou que l'on part sur son nuage quand quelqu'un vous parle ? Il est important que l'enfant s'ancre au contenu de la conversation dont il fait partie. Ou bien, de lui apprendre à dire avec respect qu'il va préférer faire quelque chose ailleurs.

Savoir formuler un « message stop »

Exprimer un « non », c'est structurant pour soi et pour l'autre. Nous avions repéré précédemment que les enfants rêveurs, un peu absents, ne sont pas dans l'opposition. *A contrario*, ce sont souvent des suiveurs par manque d'implication avec ce qui est en train de se passer. Ils suivent le mouvement, sans trop aimer la situation. Leur inculquer qu'ils peuvent dire non, qu'ils y sont autorisés du moment qu'ils le font gentiment et en s'expliquant, c'est leur offrir l'opportunité d'être parfois là, mais aussi de dire que, « non », ils ne sont pas disponibles. Ainsi, il pourra passer du temps, « son » temps, à fourgonner dans sa chambre et revenir vers les autres contenté de ce moment à lui.

Savoir demander de l'aide

Quand on est un peu timide, il est plus difficile de demander de l'aide. Pour un enfant souvent en retrait et qui a beaucoup de mal à être sous le regard des autres, cela devient une situation à éviter ! Pourtant, demander de l'aide, même si cela nécessite de dire que l'on n'a pas les outils, que l'on n'est peut-être pas à la hauteur de la situation, c'est accepter que d'autres viennent sur son propre terrain et aient des solutions. Cela requiert un peu de modestie et, du moins, de ne pas avoir peur d'autrui. Ni dans son jugement, ni dans sa supposée intrusion.

Vous aurez à aborder ce sujet avec votre enfant lunaire parce que c'est un gage de coopération et de manière d'être avec les autres que de trouver des solutions, de ne pas éluder une question sous prétexte de garder les autres à distance. Incitez-le à vous demander du renfort, à s'adresser d'abord aux personnes de sa famille, puis aussi à ses interlocuteurs dans son établissement scolaire, qui seront bien contents de ce dialogue.

Savoir remercier

Et puisqu'on a demandé de l'aide ou reçu un super cadeau, il est bon de savoir remercier. Cela donne du sens à la relation, cela propulse la situation dans une dimension vertueuse. C'est aussi le signe que l'on se préoccupe des autres et que l'on sait être « attentionné » avec ceux qui ont pris soin de nous.

LUI APPRENDRE À FAIRE FACE

De l'évitement à la présence

S'il s'évade, c'est souvent que son environnement ne le passionne pas. Mais c'est aussi parfois parce qu'il n'ose pas se situer dans cet environnement ou que ses émotions le submergent. S'il n'aime pas l'intendance, les routines, les répétitions, il n'est pas très armé pour l'imprévu. Il va donc être question de lui apprendre à se poser dans ce monde dont il se dissocie si facilement.

L'initier à l'audace

Faire face, c'est agir dans son environnement, sans crainte pour son identité, son intégrité. C'est agir dans le monde, dans son expérience incarnée, dans son contexte avec les autres. Bien que le terme soit souvent associé à des notions négatives (faire face à l'ennemi, au deuil, au danger), le terme peut aussi prendre une autre dimension plus positive : oser être et agir sans crainte dans une situation inconnue, sans repères. Cela, alors, prend la dimension enthousiasmante de l'audace.

Les tout-petits sont bien démunis, et sous notre protection, parce qu'ils n'ont pas encore la maturité de cette posture. Mais l'on voit bien, dès la crèche, des enfants étonnants qui font preuve de cette capacité. Votre enfant, vers 7/8 ans, peut tout à fait être initié à faire face. Sauter dans le bassin de la piscine, aller parler au maître ou à la maîtresse (même pas peur !), montrer ses dessins, dire ce qu'il pense.

Il suffit que vous soyez attentif à l'inviter à oser « y aller ». Ce doit être une vigilance continue de votre part. L'entraînement à faire face lui sera d'une ressource profonde pour toute sa vie.

Savoir demander des nouvelles du copain qui va mal

Voici un exercice qui demande déjà un peu de pratique du « faire face », car il s'agit d'une situation difficile. Mais savoir l'accomplir change son attitude de vie. Ne pas laisser tomber celui qui est malade ou dont un parent est parti, c'est aussi se préoccuper de l'autre. Et cela peut déboucher, par une forme de résonance en soi, sur une réelle satisfaction d'avoir été présent à ce moment-là. Il ne s'agit pas d'exiger que l'enfant fasse ce genre de démarche. Pas de commande extérieure, encore une fois ! Il suffit de l'y inciter le moment se présentant. Au fur et à mesure de la vie, vous l'aurez ainsi initié à devenir cette personne capable de faire tout seul ce geste généreux.

Lui inculquer comment retrouver ses affaires

S'il cherche ses affaires (si souvent), c'est qu'il les a égarées « quelque part ». Il y a eu ce moment d'inattention pendant lequel, pensant à autre chose, il n'a pas su ce que faisaient ses mains. Il était en pilotage automatique et il n'a pas vraiment d'indices.

Acceptez de participer aux recherches, en mode « je t'apprends à chercher », et non « je trouve pour toi » (vous n'êtes pas une voiture-balai !). Il doit prendre en charge cette situation. Et même aller au secrétariat de l'école pour demander si on a retrouvé son manteau ! Bien sûr, restez dans les parages, cherchez de votre côté, mais laissez-le d'abord organiser son enquête. Enfin, vous lui ferez remarquer que ce fonctionnement peut être lu comme une manière d'envahir votre présent avec ses problèmes d'intendance et que vous n'êtes pas dupe. C'est fort pour quelqu'un qui se revendique indépendant !

L'initier à la prise de risques

Votre grand perfectionniste a un besoin de réassurance. Sans trop le materner, puisque votre but est justement de lui apprendre à se détacher de vous, il est important que votre parole de parent lui balise le chemin et ses risques. La grande question est : quel est l'enjeu ? Si tu as une mauvaise note ? Nous regardons où étaient les erreurs. Si tu n'as pas de réponse du copain qu'on a invité ? Ce n'est pas qu'il ne t'aime pas, lui aussi oublie des choses, etc.

Le pouvoir magique de votre autorisation

Voici une pépite facile à mettre en place. Votre enfant a parfois besoin de votre autorisation. De votre côté, il vous semble bien en mesure de faire ceci ou cela. Seulement voilà : vous ne le lui avez pas dit ! Je ne parle pas ici du cadre de votre éducation : ce qui selon vous « se fait ou ne se fait pas », les limites que vous jugez posées, vos valeurs, votre transmission familiale, etc. J'évoque ici l'autorisation symbolique de se lancer. Les enfants rêveurs ont souvent en commun cette réserve à agir dans le monde. C'est donc très simple, mais très énergisant : « Vas-y, lance-toi, tu en es grandement capable ».

CULTIVEZ SES TALENTS : FAIS, PRODUIS, FAIS-LE SAVOIR !

Excellences : on n'est jamais meilleur que là où on est bon !

Cette évidence est bonne à souligner. Notre éducation cherche bien souvent à ce que nos enfants fassent telle ou telle activité, sans avoir observé au préalable si cela correspondait à leur tempérament, leurs aptitudes, leurs goûts. Pourtant, il est très simple de comprendre que nos marges de progression, de fluidité et d'excellence sont démultipliées lorsque nous avons des facilités mentales, corporelles, de coordination, une appétence naturelle pour s'engager dans un domaine. C'est alors plus simple et plus agréable. Il s'agit donc d'observer son enfant, ses goûts, ce je-ne-sais-quoi qui vous démontre qu'il est si à l'aise à grimper dans les arbres ou à nager sous l'eau; à saisir la musique comme personne ou à manier le pastel gras très tôt.

Avec un enfant discret et même un peu secret, l'investigation est parfois compliquée. La porte de sa chambre peut rester close. D'autant que vous êtes nombreux à témoigner que vous avez découvert, assez tard parfois, que votre jeune héros s'était pris de passion pour telle ou telle activité. Ou bien qu'il s'était documenté et vous demandait de l'inscrire à une activité que vous n'auriez pas soupçonnée venant de lui. Dans tous les cas, accompagnez la démarche. Accueillez la découverte d'un savoir faire qu'il ne vous montre qu'une fois bien maîtrisé. Faire est une grande étape pour quelqu'un qui est beaucoup dans ses pensées. La détection de ses goûts et de ses capacités est le premier socle.

Lao Tseu

« Cultive en toi ce qui te le permet[62]. »

ILS PARLENT LUNAIRES !

Favoriser ses productions

Les personnes peu averties avec qui l'on évoque les enfants rêveurs soupçonnent rarement que ce sont aussi des créateurs. La représentation immédiate est celle d'un enfant un peu évanescent, la tête dans les nuages. Souvent dans le secret de sa chambre, la demande d'inscription à une activité d'un enfant lunaire peut surprendre, car il est capable de productions.

62. Lao Tseu, extrait de *Le Vrai Traité du vide parfait*, Folio Sagesses, 2015.

Saluer sa persévérance de créateur

Son potentiel de concentration est parfois hors-norme quand il s'agit d'une activité qu'il a choisie. Je pointe ici la question de la motivation, celle qu'il convoque pour ses passions à lui ; celle qu'il n'a pas pour les injonctions des autres (parents, enseignants, nounous...). Commencez par le féliciter de cette belle persévérance. Ce sera un bon argument pour reparler des devoirs et de ses modes de fonctionnement : « Pourquoi ne pas mettre au service de tes exercices cette capacité incroyable à te concentrer sur tes dessins ? »

L'aider à médiatiser ses productions

Faire, créer et le garder bien à l'abri dans sa tanière. Est-ce bien raisonnable ? Comme nous l'avons vu dans l'initiation aux échanges et au « faire face », il serait bon que vous deveniez le sponsor de ses productions. La timidité de l'intéressé demandera de la subtilité et de la persévérance. Mais il y a une dimension personnelle, une identité dans le regard des autres qui s'installe et qui est riche d'émergence en soi d'une estime renouvelée. On ne crée pas pour mettre ses productions dans des placards. On ne crée pas juste pour le plaisir de manier de la matière, d'écrire des mots, de toucher un instrument de musique. C'est déjà un élan, une expression. Il est donc important que vous favorisiez cette mise au jour, dans le monde phénoménal, des créations de votre enfant.

Une conséquence vertueuse : la qualité de sa motivation

Loin de se décréter comme une condition préalable, la motivation est une sensation de centration émergente. Contrairement à ce qui se passe souvent en classe, du fait d'un enseignant face à 25 élèves, la motivation ne s'installe pas en première intention à coup d'injonctions morales (il faudrait être motivé). Elle surgit d'une meilleure centration de soi dans son contexte, de la perception d'objectifs clairs, d'une conscience de ses capacités, d'une disposition à accueillir l'inconnu.

La motivation apparaît et se structure à partir de toutes les conditions évoquées dans ce chapitre. Alors, elle se manifeste tout simplement.

Nous l'avons constaté, la motivation des enfants un peu absents peut être intense pour ce qu'ils aiment et leur évitement pour le reste... céleste! Avec une centration de soi de meilleure qualité et une considération pour son environnement renouvelé, votre gentil héros va mettre en œuvre une motivation nourrie de la pratique et de l'expérience. Dans une jolie boucle, cela lui permettra de consolider ses intentions, son souci de faire attention, sa vigilance à être là. Présence à soi, présence aux autres.

René Char, poète, résistant
«Impose ta chance, serre ton bonheur, va vers ton risque. À te regarder, ils s'habitueront[63].»

ILS PARLENT LUNAIRES!

À RETENIR

- Votre accompagnement suppose que vous preniez du temps et que vous soyez... attentif!
- Du cocon familial à l'apprentissage du monde, vous allez lui ouvrir un chemin.
- Pour l'aider, à partir de ses capacités, vous allez l'aider à cultiver ses sensations.
- Puis, vous lui apprendrez à expérimenter et apprécier les échanges, les partages avec d'autres que vous.
- Il sera alors possible de mettre en lumière ses talents, ne pas avoir peur de les exposer et de le faire savoir.

63. René Char, *Les Matinaux*, éditions Gallimard, 1950.

CHAPITRE 3
FAIRE GRANDIR VOTRE PETIT LUNAIRE EN FAMILLE

En quelques décennies, les familles ont beaucoup évolué dans leur structure donc leurs dynamiques, matérielle comme symbolique. La parentalité n'est plus seulement un fait biologique qui entraîne un rôle et il existe une très vaste palette dans la manière d'être parent d'un ou de plusieurs enfants. D'être beau-parent ou coparent, parent solo, aussi. Nous observerons comment prendre en charge un enfant rêveur dans ces géographies familiales plurielles. Ce seront des pistes générales, chaque famille ayant son identité et son adaptation propres.

ÊTRE PARENT(S) D'UN(E) LUNAIRE

L'inertie dont fait preuve votre petit rêveur dans le rythme familial peut être source de frictions dans votre couple parental ! Et pour ce jeune pacifiste qui déteste les conflits, c'est tout de même un comble d'être à l'origine de telles tensions. Entre ses parents, l'interprétation de son attitude peut être parfois opposée : un parent conciliant, jugeant qu'il faut laisser du temps à cet enfant dans les nuages ; tandis que l'autre parent voudrait un peu plus de rigueur et de contrainte de ce Zeppelin qui traverse le salon imperturbablement.

Cela dépend des représentations de chacun, des exigences éducatives, des projections parfois dissociées au sein de votre couple sur des notions comme « la réussite scolaire ». Vous l'aurez compris : pour mettre en œuvre les suggestions qui vont suivre, il vous faudra ouvrir le dialogue au sein de votre couple pour agir ensemble avec le plus de cohérence possible. Histoire que Miss Dream et Mister Cloud ne passent pas une fois encore entre les mailles du filet ! Votre premier acte : faire équipe !

En famille recomposée : de l'art de jouer les failles

Nous en avons tous fait l'expérience, par notre propre parcours ou en regardant nos proches vivre cette situation : la famille recomposée est complexe, incroyablement sujette à la controverse symbolique et submergée par les questions d'intendance. Qui fait quoi, où, avec qui ? Selon quel calendrier hebdomadaire ? Et quel budget ? Avec des liens et des sentiments qui forment des vents contraires, propices aux fortes tempêtes. Mais aussi, pour certains, le développement protéiforme de tribus heureuses que seuls les protagonistes comprennent vraiment. Là, c'est moins les orages que le réseau permanent d'informations et de liens qui vibre entre tous. Passer les vacances tous ensemble est un bonheur, avec des gens qui rentrent et qui sortent du décor dans un ballet enchevêtré... Vous imaginez bien que d'une manière ou d'une autre, ce genre de tohu-bohu collectif, avec ou sans fausses notes, se traduit pour l'enfant dans la lune par un « Très peu pour moi ». Cela dit, pour cet expert de la sortie estompée du champ de vision des autres, ces mêlées qui mobilisent sa tribu lui offrent de belles perspectives de se faire la belle. Et puis, ce sont autant de terriens mobilisés à faire tourner leur drôle de machine familiale. Si vous n'y prêtez pas garde, si vous ne faites pas d'alliances avec votre ex et sa nouvelle vie, avec votre conjoint actuel et ses enfants, vous aurez du mal à changer la donne de votre lunaire. Là encore, avant de commencer quoi que ce soit, tentez de vous mettre en ordre de marche pour gagner en cohérence !

Parent solo, famille monoparentale : la nécessité d'un tiers référent

Le contexte de la famille monoparentale conduit peu à la rêverie. Le parent solo a besoin, au quotidien, que l'enfant (ou les enfants) dans le foyer prenne en charge un certain nombre de tâches d'intendance. Le dialogue parent-enfant est plus encombré des obligations de la semaine. La situation de l'enfant est d'être, outre un enfant, le partenaire d'un duo familial. Cela laisse peu de temps au « rêve en présence de l'autre », selon l'expression de Winnicott. Toutefois, il est important qu'une personne tierce - une tante, un oncle, des amis proches - offre un peu de disponibilité d'esprit à l'enfant en famille solo. Car s'il est un rêveur, il a un besoin fort de pouvoir répandre son imagination, au-delà de ce contexte particulier.

Un enfant lunaire dans la tempête du divorce

Rares sont les enfants que les tensions entre parents et le divorce qui éclate n'impactent pas. Secrets et taiseux, les lunaires ne sont pas les plus faciles à décrypter. En revanche, la distance entre les parents, des modes de vie qui se distinguent en matière de style de vie, de valeurs, de rythmes, brinquebalent souvent les enfants rêveurs. L'arrivée d'une petite sœur ou d'un petit frère ébranle le désir d'exclusivité d'amour que beaucoup de ces enfants entretiennent avec leur parent. Mais il y a aussi les couples qui malgré ces contraintes parviennent à gérer au mieux ces différences familiales.

TÉMOIGNAGE DE SÉBASTIEN, PAPA INTERNAUTE

Comment bien accompagner son fils rêveur quand on est un papa divorcé et pas toujours là?

« Bonjour,

Mon fils, R., bientôt 8 ans, plane. Sa mère et moi sommes divorcés, nous avons refait notre vie, nous gardons de bons rapports et, de mon côté, il a un petit frère de 16 mois. Il est souvent en retard à l'école… parce qu'il est "dans la lune". Son maître le secoue un peu (je pense que ce n'est pas bon) et, du coup, R. en fait un rejet et écoute encore moins. C'est un peu le "cas soc" de cette petite école de campagne. Je lui ai expliqué qu'il se faisait du mal à lui-même en agissant ainsi et qu'il se coupait des gens autour de lui. Ce n'est pas un enfant triste en apparence, il pratique le judo, joue de la batterie, a un grand sens de l'humour et de la justice… Mais il s'invente des mondes, vit beaucoup dans l'imaginaire et est d'une très grande sensibilité. »

Sanctuarisez des moments seul(e) avec votre petit rêveur

Cette relation élective avec vous qu'il porte aux nues doit être revisitée par vous-même parent, que vous soyez solo, à deux ou en constellation de famille recomposée. Puisque vous demandez à votre rêveur d'être un peu plus avec les autres, il est bon également de lui réserver des moments en tête-à-tête ; d'abord pour le bonheur d'être ensemble. Sans l'autre parent, sans la fratrie qui tente des intrusions, ces moments de partage produisent de très belles étincelles. L'enfant rêveur a besoin plus que d'autres de revenir ainsi dans le giron. De l'identifier comme une base, ce qui sera précieux lors de son adolescence.

PLACE ET RÔLE DE LA FRATRIE, CE PEUPLE DE TERRIENS

Il est très rare d'être à la tête d'une fratrie de ballons à l'hélium. Heureusement, me direz-vous ! Comme nous l'avons remarqué précédemment, l'interaction entre le lunaire et ses frères et sœurs terriens est totale. Il existe dans cette organisation une loyauté due au sentiment d'être complémentaires, pas tout à fait pareils. Prenez-le en compte : il va être indispensable de délier gentiment la relation pour y mettre un peu d'écart et d'air. Car les terriens sont très légitimistes vis-à-vis du lunaire. Même si, comme vous, ils râlent après lui d'avoir à compenser sa rêverie et son manque de proactivité, il suffit que vous vous en preniez à l'intéressé pour que, tout de suite, ils lui trouvent toutes les excuses.

Il a donc des frères et sœurs terriens… souvent solidaires

C'est souvent leur présence, d'autant plus qu'ils sont ses cadets, qui vous prouve par A + B que votre enfant lunaire est « empoté » et ne sait pas agir dans le quotidien. Ses cadets répondent à l'appel et font dans les temps, et plutôt correctement, ce qu'on leur demande tandis qu'on l'attend - Mais où est-il ? Et pourquoi n'arrive-t-il pas ? Il a encore perdu ses chaussures ! - et qu'il surgit enfin au troisième rappel, avec l'air ahuri d'un lapin pris dans les phares !

Si vous programmez un départ familial, pensez à commencer par lui. Par exemple, prenez-le à part pour mettre tranquillement ses chaussures. Investissez ce moment. Comment fait-on des lacets ? Mettez-vous à côté de lui (et pas en face !), faites le geste ensemble. Quand il sera prêt, alors seulement, lancez le signal pour toute la troupe. Mister Cloud ou Miss Dream est déjà prêt(e) : quelle réussite !

Les copains de vos enfants terriens

Un peuple sympathique et changeant traverse régulièrement votre salon et s'installe chez vous pour des soirées pyjamas : ce sont les « copines » et les « copains » de vos enfants terriens. Adulation, crises, fâcheries, réconciliations, cette vaste palette de sentiments et d'alliances modulables sont, vous le pressentez, une expérience de la vie avec les autres. Une manière de se frotter à la réalité d'autrui, d'observer comment ses pairs négocient avec le quotidien, d'apprendre à s'assurer un périmètre d'intimité, aussi.

Rien de tout cela avec votre enfant dans la lune. Premier point, écartez l'idée que vous pourriez acclimater votre petit lunaire en l'imposant dans la troupe amicale de ses frères et sœurs terriens. Ce serait une catastrophe. Car vos terriens seront catégoriques : « Ah ! non pas ça ! » Parce qu'enfin, avec les amis, ils ne prennent pas en charge leur lunaire de sœur/frère. Ils expérimentent déjà leur vie sociale, avec des relations dans la cour de l'école, voire sur les réseaux sociaux. Ils sont à l'aise dans ces échanges qu'ils savent, jeunes, hiérarchiser. Un enfant lunaire, par principe, tombe de haut. Avoir des amis n'est pas particulièrement un objectif. Il n'est pas « porté » par cette envie. Mais quand on creuse un peu, il n'est pas complètement contre non plus. Simplement, il n'a pas les codes d'accès. Il passe son tour, parfois à son propre insu.

Il vous faut donc devenir un « parent passerelle » : un parent qui va ouvrir cette possibilité d'avoir des copains. Dans les faits, il va déjà s'agir d'avoir copain ou copine. Coopérez avec les parents pour que leur enfant vienne ponctuellement pour un goûter. Au début, préférez les petites séances. En confiance, votre enfant un peu timide se détendra dans cette amitié naissante.

FAITES-LUI PRATIQUER L'OBSERVATION DE SA MANIÈRE D'ÊTRE

Cet enfant qui répond souvent « à côté de la plaque »

Vous lui demandez quelque chose et il vous répond sur un autre sujet. Cela provoque chez vous de l'agacement ; mais aussi une petite amertume, car cela suppose peu de considération pour votre parole de parent.

Les enfants lancés dans leur imaginaire ont un besoin impérieux de suivre le fil de leur pensée. Devant cette situation, la plupart des parents laissent filer ou répètent la question, s'agacent sans grand résultat. Vous ne pourrez pas résoudre sur l'instant ce type de situation, car l'enfant est aligné dans son attention particulière. En revanche, prenez le temps, à un moment de meilleure disponibilité, pour lui en parler, calmement. Faites-lui remarquer que lorsqu'on lui pose une question d'intendance, il répond à côté et que c'est désagréable pour son interlocuteur. Demandez-lui ce qu'il en pense, s'il « entend » ce désagrément. Demandez-lui de s'engager à repérer quand cela arrive. Vous constaterez avec étonnement que votre enfant (lunaire ou pas) apprend tôt à comprendre son propre mode de fonctionnement. Après cet échange, vous serez très légitime quand cela se reproduira pour lui tapoter l'épaule et lui dire : « Hé Ho ! Tu ne m'as pas vraiment répondu ! » Il y a un chemin de changement si vous parvenez ensemble à observer ensuite quand ça se produit, à quel propos, etc. Votre enfant fera ainsi l'apprentissage de son mode opératoire.

Rose à la plage

« Sa grand-mère lui demanda où elle avait mis ses sandales. "Je ne sais pas, mamie... Mais regarde la mer, regarde là-bas le blanc en haut des vagues : ça s'appelle des moutons !" »

Devenez expert(e) en médiation interstellaire !

Je vous conseille d'accepter la mission de dialogue interstellaire suivante qui vise à faire dialoguer vos terriens et votre lunaire. Ce sera enrichissant pour chacun de faire de cette différence un potentiel mutualisé et vous ferez moins la navette entre les deux planètes : le lunaire apportera au terrien la légèreté, la capacité à « lâcher prise », à élaborer des « machines » en toute créativité ; le terrien pourra donner des tuyaux au lunaire pour faire les choses et s'organiser un peu. On s'installe sur le canapé et on en parle. C'est praticable très tôt, dès 5/6 ans. Vous lancerez la conversation sur leurs manières différentes de procéder, et puis vous écouterez leur point de vue. Vous constaterez combien ils sont conscients de leur position.

Pas toutes et tous pareils !

Faites passer ce message de respect : nous ne sommes pas tou(te)s organisé(e)s de la même façon. Toi terrien, cesse d'accomplir ce qui est demandé au lunaire, montre-lui plutôt comment faire... Toi lunaire, écoute ton terrien chéri (puisque, lui, tu l'écoutes!) : il va te montrer comment ranger ta chambre... Toi terrien, ne te fâche pas parce qu'il quitte le plateau de Monopoly pour inventer un drone solaire qui vole au-dessus de la rue de la Paix... Serais-tu même capable de le rejoindre dans son délire ? Essaie pour voir ! Toi, lunaire, accepte de ranger ton classeur intercalaire par intercalaire, exactement comme ton terrien. Et si tu ne veux plus jouer au Monopoly, apprends à le dire (message stop) plutôt que de fuir unilatéralement dans une histoire.

Le dîner hebdomadaire en famille : un moment de débriefing !

Faites de ce rendez-vous une fois par semaine un moment plein de ressources. Si votre lunaire est enfant unique, il ne s'agit pas de lui mettre la pression, mais de lui consacrer un repas, sans télé, où les sujets seront les siens. Au début, cela peut être très silencieux, mais peu à peu, à vos questions - « Et toi, tu en penses quoi ? » -, vous allez être surpris de tout ce qu'il a en tête.

S'il a des frères et sœurs, il sera question de bien préciser que tout le monde a la parole, mais que tout le monde fera en sorte que Miss Dream ou Mister Cloud puisse s'exprimer. Peu à peu, un équilibre des temps de parole se mettra en place. Laisser parler l'autre, c'est aussi l'écouter. Question de respect et d'attention. Deux paramètres importants : vous faites le répartiteur de parole, mais vous intervenez peu. Tous les sujets sont bienvenus : ce qui s'est passé dans la cour de l'école, les rigolades et les copains, les bêtises qu'on avoue entre les radis et les nouilles ! Cet exercice familial, régulier, assouplit la parole de l'enfant lunaire, l'implique dans votre communauté familiale.

Lui faire investir les lieux de la maison, et même sa chambre

Bien que cette information puisse paraître insensée à la plupart des lecteurs, les enfants dans leur bulle connaissent rarement bien la maison de leur famille. Ça les intéresse assez peu. Dans un souci d'ancrage, vous aurez donc à cultiver votre patience, passer au-dessus de cette extravagance et prendre du temps pour lui faire découvrir la cuisine, les placards de la salle de bain, voire sa chambre. Là, vous prendrez un peu plus de temps pour qu'il soit l'acteur-décorateur de « son » lieu. Qu'il partage ce territoire avec une sœur ou un frère ou qu'il dispose de sa propre chambre, il est très important qu'il y prenne des décisions, tout en respectant le colocataire fraternel, bien sûr. Pour y lire, pour y jouer, pour y travailler... et pour ranger !

Cette implication n'est pas que de l'ordre du décoratif. C'est un ancrage puissant. L'idée est que, peu à peu, il sache où sont ses affaires, comment les ranger toujours à la même place pour gagner du temps. Éventuellement, investissez dans un premier temps dans des étiquettes sur les tiroirs. Pas très esthétique, mais vraiment efficace. Au bout de quelques mois, en proposant de retirer les étiquettes, vous évaluerez si cette organisation est bien intégrée et maîtrisée.

Être d'abord en première ligne pour mieux vous effacer

Savoir s'habiller seul n'est pas son fort. Rappelons-nous la réflexion de cette maman : « Il peut avoir la capuche de son gilet sous le menton sans que ça le dérange. Il a fallu 4 ans pour lui apprendre à faire ses lacets. »

Explorez beaucoup avec lui ce qu'il aime : puisque c'est un champion de la concentration quand il est motivé, faites-lui prendre conscience de ce potentiel. Cela renforcera son estime de soi.

A priori, il emmagasine vite et décroche, car souvent, d'un détail dit par le maître ou la maîtresse, il extrapole. Les lunaires partent dans l'imagination, élaborent des scénarios ; son enseignante évoque la fonte des glaces au Groënland et le voilà parti à inventer une machine pour sauver les ours blancs ! Il aura quand même retenu les effets du changement climatique mais en ayant tout de même décolé dix bonnes minutes !

À RETENIR

- Prendre en compte les différentes compositions familiales où l'enfant dans la lune peut être amené à vivre.
- Ayez bien en tête la place des frères et sœurs et leur interaction avec votre petit lunaire.
- L'importance pour vous d'être maître des dialogues, promoteur/promotrice d'échanges et de conversations.

CHAPITRE 4

VOTRE ENFANT LUNAIRE VA À L'ÉCOLE

C'est parti pour de longues années : votre enfant dans la lune est à l'école. Nous revisiterons cette relation parfois complexe que vous entretenez avec l'institution, l'importance du copartenariat avec l'enseignant. Puis nous regarderons du côté des enfants, pas toujours charmants avec les grands rêveurs. Quant à la pédagogie ordinaire de l'Éducation nationale, nous verrons qu'elle reste bien peu adaptée aux enfants dans la lune.

VOUS, PARENT D'ÉLÈVE À LA MANŒUVRE

Vous, cet ancien élève

Quand vous conduisez votre enfant à l'école, vous embarquez sans le savoir un troisième passager : l'élève que vous avez été jadis. Vous tenez la petite main de votre enfant dans la vôtre qui, tout à coup, vous semble immense. Votre main vous paraît même un peu fripée, tant la menotte de votre héros est lisse, potelée, confiante. Lisse de toute expérience, aussi. Vous vous sentez responsable de sa fragilité. Et pourtant, l'école - vous le savez - va l'émanciper.

Face à cette institution, il y a encore ce duo : vous le parent, pas toujours mûr pour distendre cette jolie relation fusionnelle avec votre tout-petit. Elle/lui, pas toujours partant pour quitter le cocon… Mais, il y a une silhouette au fond du tableau. Il s'agit de vous. Pas vous maintenant. Vous… hier, avant-hier à la même place. Celle de l'enfant en classe. C'est finalement si frais en soi. Reste que dans votre manière de lire les bulletins de notes, de parler à un enseignant en vous posant d'emblée en parent pondéré, en victime ou en consommateur exigeant, il y a toujours l'écolier que vous avez été.

Peut-être étiez-vous aussi cet élève pas très présent en classe et vous revisitez à travers votre enfant ces sensations anciennes de décalage. Peut-être étiez-vous au contraire un jeune terrien bien calé dans sa scolarité. Auquel cas, vous restez souvent coi devant cette capacité à s'évader de votre petit rêveur. Dans la relation triangulaire enfant, école, parent d'élève, revisitez souvent votre passé scolaire. C'est une source d'inspiration.

La fausse bonne idée : l'école à la maison

Un de ses rêves ? Avoir ses parents pour précepteurs ! Rester dans le giron, dans le nid avec une relation élective qui prodigue des savoirs en exclusivité ! Des savoirs qu'on butine ! On comprend que la tentation soit grande d'organiser un congé parental pour accompagner votre gentil phénomène, mais ce n'est vraiment pas la bonne idée à mettre en œuvre. Votre objectif sera au contraire de lui offrir une ouverture sereine sur le monde, dans sa dimension sociale et collective.

Veillez à situer la place de son enseignant !

La phrase ci-dessus peut vous paraître incongrue et mérite explication. Dans sa stratégie inconsciente de déconsidération du monde extérieur, il y a la figure de l'enseignant. Certaines années, cela se passe très bien. Et puis l'année suivante, c'est le blocage. Votre enfant n'est pas plus ou moins dans la lune d'une année à l'autre. C'est juste qu'il a peu d'estime pour cet enseignant-là.

Dans cet aspect « Je regarde le monde à distance », il se permet de juger sans connaître la personne. Comme cela, à l'intuition. Souvent, il cherche une relation exclusive avec l'enseignant qui n'est pas là pour la lui offrir puisqu'il a 24 autres enfants en charge et qu'il n'est pas un parent de substitution. À cette impossibilité, l'enfant oppose une rétractation dans la relation qui n'aide pas les échanges pédagogiques !

J'ai souvent constaté qu'une simple prise de parole de ses parents, suffit à détendre l'enfant. Il ajuste sa relation à l'enseignant et repart sur de nouvelles bases plus coopératives. Selon l'adage « Ça va mieux en le disant », il est donc important de faire cette médiation qui dénouera bien des quiproquos.

Rose à la plage suite... et fin

« Son papa :
– « Alors, moi je voudrais bien connaître la fin de ton histoire. Ensuite, nous irons voir l'animatrice : au fait, quel est son nom ? »
Rose, sûre d'elle :
– « C'est Marie ».
« Son papa :
– « Bravo, je te sens attentive à Marie. C'est bien. Donc, nous irons voir Marie pour que tu sois plutôt avec les enfants qui font du trampoline... Ce que j'aimerais bien, c'est que ce soit toi qui le demandes.
Rose :
– « Même pas peur ! J'adore le trampoline et j'ai déjà parlé avec Marie, tu sais ! »

Prenez rendez-vous dès la rentrée

Vous connaissez la situation, alors autant prendre l'initiative d'un rendez-vous dès le début de l'année scolaire avec l'instituteur ou le professeur principal. Les enseignants préfèrent largement cette mise en place plutôt que la « convocation » qui crée de la crispation.

Prenez le temps de parler de la personnalité de votre enfant, de ses goûts, de sa motivation à apprendre tout seul, de ses acquis souvent très cohérents ; mais aussi de sa difficulté à être en classe, son esprit qui s'envole, sa timidité en collectivité. Tentez, si l'enseignant a une écoute bienveillante, de rappeler que rajouter des consignes ou bousculer un enfant dans la lune est contre-productif : c'est le meilleur moyen qu'il ferme les écoutilles ! N'oubliez pas que tout professeur des écoles a au moins un lunaire par an dans sa classe et que le sujet lui est tout à fait familier. Proposez de mettre en commun ce que vous allez lire dans les pages de ce livre et d'échanger à nouveau en présence de votre enfant : ce signal que vous parent et son enseignant vous préoccupez ensemble de lui sera d'un grand réconfort, parfois même moteur d'une nouvelle motivation.

Côté enfant, rappelez que les consignes sont... pour tout le monde ! « Si la maîtresse demande à toute la classe de ranger le matériel, tu dois aussi participer. C'est une question d'attention, de respect pour la maîtresse et pour les copains de l'école. »

Rose à la plage

« Les enfants avaient repris leurs occupations. Le nez dans leurs seaux, ils observaient la splendeur des coquillages ramassés. Rose, elle, avait le regard perdu vers l'horizon et la mer. Elle mettait la tête en arrière pour contempler tout le bleu du ciel. L'immensité sans limites d'un ciel d'été. »

Être protecteur mais pas trop

Il s'agit de lui signaler et de lui prouver que vous l'encadrez gentiment, mais fermement (et doucement). Pour cela, votre parole de parent est importante et peut s'appuyer sur 3 volets.

Un top départ : établissez un « contrat de confiance ». C'est un travail en amont de la situation qui fonctionne souvent très bien avec les enfants. Cela place des mots sur des réalités quotidiennes et l'on se comprend mieux mutuellement. Il y a une dimension de dialogue et de coopération très intéressante et qui est accessible très jeune (5/6ans). C'est aussi une invitation à s'engager dans les jours, les semaines à venir, qui est très utile avec les enfants distraits. Vous êtes parent, mais aussi partenaire de son parcours scolaire, c'est très rassurant. Prenez le temps de vous asseoir et de poser le cadre de cette conversation :

« Nous savons, toi et moi, que tu as des problèmes d'écoute, tu pars dans la lune, et ça cause des problèmes avec Mme XX. »

Tentez de lui demander son point de vue, vous serez sans doute surpris de la conscience qu'il a de la situation :

« D'après toi, qu'est-ce qu'on pourrait faire pour améliorer ta présence en classe ? »

Si jeune, il vous dira qu'il ne voit pas comment faire autrement. Plus qu'évident ! Proposez un cadre un peu contraignant, mais accessible pour lui : faire son cartable, ne pas oublier ses affaires à l'école et écrire en classe (exemples à adapter)... Lui dire que vous allez l'aider, mais que vous attendez de lui qu'il s'engage. C'est un contrat... Tope-là ! (J'ai vu des parents l'écrire...) ;

Au quotidien, vous êtes là pour aider avec des processus qui structurent le quotidien : rentrer de l'école, s'amuser jusqu'à telle heure, faire ses devoirs et ensuite ranger son cartable, prendre une douche avant le dîner, etc. Ces étapes sont importantes et à respecter scrupuleusement. À vous d'évaluer peu à peu son degré d'autonomie, qui viendra, c'est certain ;

Et puis, tenir ce petit moment hebdomadaire d'évaluation. Pas besoin d'en faire un « parloir ». Cela peut prendre l'aspect sympa d'une pizza tous les vendredis... Un petit rituel agréable et informel. Débriefing de ce qui s'est bien passé et de ce qui a été plus difficile. Et lui demander son avis, à lui. Ainsi, il va peu à peu mieux se soucier de sa manière de faire. Et y apporter ses propres adaptations.

L'ÉCOLE, CETTE PLANÈTE SOCIALE

À l'école, il y a plein de gens qui s'appellent... des enfants !

Il y a bien évidemment des enfants dans la lune qui ont des copains et coopèrent facilement. Mais, pour beaucoup, c'est un souci. Même pour une relation élective avec un seul ami. Il s'est vu des enfants parvenir aux vacances de la Toussaint sans savoir donner le nom de l'enfant assis à côté d'eux. Avec une incapacité à échanger et encore plus à dialoguer! C'est un point à évoquer avec les enseignants qui pratiquent souvent les exercices en demi-groupes. Il y a de fortes chances pour que votre enfant préfère faire la potiche, le regard perdu dans le ciel, plutôt que de se retrouver à coopérer.

Rose à la plage

« Ils [les enfants] étaient là pour coopérer. Ils s'étaient assis en cercle, mais la petite fille restait hors de leur assemblée. Au début, ils avaient gentiment maintenu un espace pour lui réserver une place, mais, de guerre lasse, ils avaient refermé leur groupe et construit leur organisation sans elle. Impossible d'attirer son attention. Mademoiselle était dans sa bulle. »

Veiller à sa relation avec les autres écoliers

Sa suspension dans les airs ne l'amène pas à être dans le rythme des autres et c'est pour le reste des enfants très agaçant. Que l'un des leurs s'octroie le droit de s'échapper dans ses pensées, c'est énervant. L'école induit une vie collective qui génère forcément des amitiés et des inimitiés, des groupes et des clans. Il est question, déjà, d'en être... ou pas ! Votre enfant qui plane et évite de prendre parti est, au mieux ignoré, au pire malmené.

TÉMOIGNAGE D'UN PAPA INTERNAUTE

Être interpellé par ce manque de copains

«Concernant les camarades, depuis son entrée en maternelle, c'est quelque chose qui nous interpelle : il semble qu'il ne parvienne pas à se faire de réels copains. Il ne parvient pas à s'imposer, à s'intégrer. Lorsqu'ils sont en groupe, il se sent toujours obligé de se plier à la volonté des autres et ne dirige jamais le jeu. Il est presque soumis aux autres pour pouvoir jouer avec eux. Si bien qu'il préfère parfois jouer seul, car les jeux des autres enfants ne l'intéressent pas toujours, il se crée donc un monde à lui.»

Ne pas devenir le bouc émissaire

Souvent soumis aux autres pour avoir la paix, c'est un anti-leader : attention à la moquerie, au rejet, aux coups parfois. Assurez-vous que sa stratégie d'évitement des relations ne se transforme pas en cercle vicieux : il préfère éviter le contact avec les autres, qui le rejettent, ce qui entretient en lui l'idée qu'il n'est pas à la hauteur d'une relation et qu'il est normal d'être rejeté et battu. Donc, retour sur les nuages, agacement renforcé des autres dans la cour, etc.

Il est très important de demander aux enseignants d'être particulièrement vigilants à ce qu'il n'y ait pas dérive. Secret comme il peut l'être, votre enfant si gentil pourrait bien se garder de vous alerter.

TÉMOIGNAGE DE SABINE, MAMAN INTERNAUTE

Éviter qu'il soit bouc émissaire, avec l'aide de la CPE

***Premier message** : «J'ai un fils de 12 ans (5e) qui plane, qui plane, qui plane… Ce qui lui cause de plus en plus de problèmes relationnels avec ses camarades de classe. Ils le rejettent et malheureusement le tapent et l'insultent. Je suis cela de très près et j'en parle avec la CPE et les profs. Ils sont tous d'accord pour dire que mon fils est décalé par rapport aux autres. Ils me disent aussi que c'est un garçon très sympathique (je le sais* *déjà!) et que, s'il avait les pieds sur terre, il pourrait avoir des résultats très satisfaisants.»*

Deuxième message, quelques semaines plus tard : *«Ces temps-ci, tout va mieux pour lui au niveau relationnel. Les enfants pas sympas avec lui ont été convoqués par la CPE. Mon fils était présent. La conseillère a mis cartes sur table et les élèves après qu'ils se furent excusés lui ont proposé de se joindre à eux pendant la récré. Il a accepté et tout semble bien se passer. Je dis souvent à mon enfant qu'il est celui de mes songes et je suis tellement fière de lui. C'est juste que ce n'est pas facile – ni pour lui ni pour nous – de gérer les dires ou les faits des autres par rapport à ses voyages sur la lune, et ce depuis la petite enfance. Pour l'instant, ce qu'il a vécu auprès de ses camarades, de ses profs et aussi de ses parents, ne semble pas l'avoir affecté plus que cela.»*

UNE PÉDAGOGIE PEU ADAPTÉE AUX CRÉATRICES ET CRÉATEURS

Pouah ! Des matières étanches et de la répétition !

L'école fonctionne sur la logique des «matières», étanches les unes vis-à-vis des autres. Selon l'enquête Talis[64] auprès des enseignants du premier degré, en France, «seulement 29 % des enseignants déclarent donner souvent ou toujours des tâches obligeant les élèves à développer leur esprit critique, contre 68 % de leurs collègues anglais, par exemple. De manière générale, seuls 25 % des enseignants s'estiment bien ou très bien préparés à l'enseignement des compétences transversales (contre plus de 50 % en Grande-Bretagne ou dans les pays nordiques)». C'est un dispositif très contraignant pour une fille ou un garçon qui a fait de la pratique des liens associatifs un mode de pensée !

64. Enquête Talis, 2018, *Une enquête inédite du métier de professeur des écoles*, https://bit.ly/31Ma30Q.

Et, comble de malheur, les programmes aiment à ressasser les informations. Tout parent sait que, de la rentrée à la Toussaint, les enfants révisent le programme de l'année précédente. Un boulevard pour les bons élèves et une nécessité pour les plus fragiles. L'enfant lunaire, qui se débrouille bien en général, s'évade à grande vitesse ! La répétition est chez lui un véritable répulsif intellectuel ! Ajoutons la cérémonie des devoirs chaque soir et nous sommes en plein blocage !

Seulement voilà, Miss Dream aime extrapoler !

Le confinement dans une matière est loin d'être naturel pour les enfants rêveurs. Prenons un exemple testé sur des adultes qui furent lunaires et qui ont tous ri, sur le mode « C'est tout à fait ça ! ». Miss Dream, votre chère bulle, est en classe. Le maître ou la maîtresse vient de signaler qu'il fallait être bien concentrée et écouter l'énoncé du problème que voici : « Une camionneuse (*Ah ! il y a des filles qui conduisent des camions ? J'aimerais bien essayer !*) part de Lyon pour aller en Italie. Elle traverse le tunnel du Mont-Blanc qui est de 11,6 km, avec une vitesse maximale de 70 km/heure. Notre camionneuse est pressée, mais respecte la limite de vitesse indiquée. Combien mettra-t-elle de temps pour traverser ? » Là, votre Miss Dream extrapole et s'engouffre dans son propre tunnel logique : mais comment ont-ils fait pour passer une route *sous* la montagne ? Ce n'est pas qu'elle ne sache pas la méthode de calcul qui lui fera résoudre le problème mais, tel le lièvre de la fable, elle est partie sur des chemins… de traverse ! Si tout va bien, elle retombera sur ses pattes, bien que disposant du coup de deux fois moins de temps que ses camarades pour faire l'exercice. Si ce fichu tunnel est trop fascinant, il est à parier que l'enseignant fera remarquer que votre enfant est lente, qu'elle n'a fait que la moitié de la démonstration.

« Hannibal traverse les Alpes » : un cours idéal pour un lunaire

Ce qui conviendrait le mieux à l'esprit bondissant d'une ou d'un lunaire, ce serait plutôt ce type de leçon : « Hannibal traverse les Alpes ». Car Hannibal est un général carthaginois (Tunisie) qui partit en expédition contre Rome vers 210 avant Jésus-Christ en passant par... l'Espagne! Il traversa les Pyrénées, le Sud de la France, puis les Alpes, pour arriver dans les plaines romaines. Trouvez une carte de l'exploit : vous traitez d'histoire et de géographie. Hannibal se lança à la tête d'une armée de 100000 hommes et de... 37 éléphants. Une bonne occasion d'étudier en SVT l'acclimatation des mammifères d'Afrique au froid et à la neige. On a retrouvé des excréments dans les montagnes! Il y a donc archéologues, expert(e)s de crottes millénaires (orientation scolaire!). L'exploit fut prodigieux et relaté par les anciens (utile, si on a choisi l'option latin) et par de nombreux peintres (de Poussin à Turner). Histoire de l'art qui donne à voir.

Là, Miss Dream s'illumine. Sans doute se demandera-t-elle encore pourquoi Hannibal n'a pas pris le bateau vers la Sardaigne. Bien plus rapide! Il était dans la lune ou quoi? Le soir même, vous l'aurez appelée quatre fois pour venir à table. C'est que Miss Dream a la tête occupée par la Sardaigne, dont elle découvre qu'elle était occupée par les Romains.

Il était donc pertinent et courageux de faire tout le tour. Voilà comment les enseignants perdent les petits lunaires sur les chemins pédagogiques : les matières en silo ne permettent pas aux enfants très imaginatifs de mettre en œuvre leur grande capacité associative et de construire leurs savoirs. En moins de deux, ils s'évadent... sur le dos d'un des éléphants d'Hannibal, par exemple!

Cette pédagogie si friande du « score de réponse »

Dans un lointain passé, j'ai accompagné beaucoup de jeunes, stagiaires ou alternants, souvent issus des écoles de commerce. Bons élèves depuis l'enfance, ils avaient assuré le marathon des prépas, avec une capacité à ingurgiter du savoir, focalisés sur leur objectif, le concours. De par cette formation, ils avaient tous en commun la folie du « score de réponse ». Une question = une réponse, la plus rapide possible. Une sorte de réflexe *Question pour un champion*! Un goût prononcé pour les QCM qui ouvrent assez peu sur l'imaginaire et la remise en question philosophique!

L'enfant «qui pense ailleurs» est rarement un grand compétiteur et n'est pas des plus rapides à lever le doigt. Ce qui ne veut pas dire qu'il n'aurait pas la réponse. C'est un point que vous devrez placer haut dans la liste des sujets à aborder avec les enseignants : sa lenteur, l'importance de le faire participer et de faire des points en tête-à-tête élève-professeur, sa relation aux autres enfants, ses affaires ou encore son imaginaire.

Ces bulletins scolaires qui dramatisent l'avenir de l'enfant

Voici un nouveau paradoxe qui vous laisse souvent démunis. Votre enfant rêveur est plutôt bon à l'école. Pourtant, bien des enfants dans la lune rapportent à la maison ce type de remarque sur leur bulletin scolaire : «Bons résultats, élève sympathique, mais... n'est pas en classe». Que l'on ait 12 ou 13 sur 20, sans sembler être là... Chapeau bas! Il est étonnant que ce soit écrit noir sur blanc sans que cela ne génère d'autres observations que celle-ci : «Votre enfant est dans sa bulle, il rêve, il ne m'écoute pas...», «Danse et chante pendant que le professeur de sport forme les équipes». Souvent, l'argument fatal qui vous fait peur est le suivant, sorte de porte ouverte sur le vide : «Là, ça va encore, mais au collège, il risque l'échec scolaire.»

Quelques exemples, parmi d'autres, de ce que vous avez eu déjà l'occasion de lire sur les bulletins scolaires de votre enfant.

Des alertes	... et leurs formulations
Constat qui ne dit rien de la scolarité	«Élève charmant, bien qu'absent.»
Constat qui suppose une «mauvaise volonté»	«Léa pourrait avoir de bien meilleurs résultats si elle acceptait d'être en classe.»
Constat menaçant	«Des résultats qui pourraient se dégrader au collège par manque de concentration.»

TÉMOIGNAGE DE MAMAN INTERNAUTE

Faut-il à tout prix rentrer dans le moule?

«Le problème, cette année, ce sont les bulletins scolaires qui répètent inlassablement "est hors classe", "paraît trop souvent ailleurs", "aucune participation orale"... Cela me navre. Pourquoi ai-je ce ressenti devant ce que l'on se permet de juger (trop vite?). Il a appris à lire en trois mois, comprend tout ce qu'il lit, n'a aucun problème de compréhension en maths. Il est capable de mémoriser l'orthographe de plusieurs mots : faut-il à tout prix rentrer dans un moule? Est-ce moi qui le "surcouve"? La situation se dégrade, nous en venons à nous disputer, son père et moi, sur ce point... dommage! Ou suis-je aveugle? Nous aimons parler avec notre fils, tous les gens qui le connaissent également. C'est un enfant charmant, intéressant, dans la lune, certes... Je ne remets pas du tout en cause les méthodes de son institutrice, mais que faire?»

Parent, soyez plus partenaire qu'émetteur de consignes

Si vous restez sur le même mode de la commande (fais ceci, fais pas cela), qui est le lot quotidien de la zone opaque (école, contraintes en tous genres, cf. schéma page 65), vous obtiendrez peut-être des «résultats» (c'est l'objectif même d'un commandement), mais il ne sera pas incorporé. Seul un apprentissage à l'autonomie de l'enfant inscrira durablement la prise en main de son chemin.

LES CHOSES QUI FÂCHENT !

Il pose un jugement sur l'école qui n'est pas sympathique

Beaucoup des enfants qui s'évadent dans leurs rêveries ont une représentation de l'école très critique. Il vous faudra, comme l'ensei-

gnant, lui décrypter qu'il se trompe tout de même un peu. Oui, l'école a ses règles, ses contraintes multiples. Mais il faut redonner du sens à sa scolarité : en classe, certes, on répète pas mal de notions, mais les programmes changent d'une année à l'autre. Pour l'en persuader, ressortez ses cahiers de CP, s'il est en CM1. «Tu en as fait du chemin. Regarde comme ta personne s'est transformée dans ces apprentissages, combien ta présence, tes compétences se sont mises en place. Au point que 36 divisé par 6 te semble une évidence. Ta propre vision de ta personne ici, maintenant, est bien plus enrichie, grandie que le bébé de CP que tu regardes maintenant avec un peu de condescendance. Voilà, quand tu seras en troisième, quand tu auras ton bac, tu auras appris tant de choses. Un peu avec nous, mais tout de même tellement à l'école. Donc, coopère, avec un peu de sincérité. Écoute, échange, apprends.»

La concentration des enfants mise à l'épreuve

La capacité d'une attention soutenue est une condition essentielle des apprentissages. Elle dépend de l'heure de la journée, la période la plus favorable pour les enfants étant la fin de matinée. Mais elle est différente selon l'âge en nombre de minutes d'affilée à pouvoir maintenir son attention : de quelques minutes pour les 3/4 ans à 3/4 d'heure vers 10 ans[65]. Rappelons, pour nous adultes, que les fameuses conférences TED qui offrent à des (personnes) icônes de notre époque une intervention en public sont calibrées à... 18 minutes! On peut mettre en miroir ces données avec les heures de présence en classe d'un élève de sixième! Pour cette raison, il est indispensable de varier fréquemment les activités scolaires. Au-delà de son temps de concentration maximal, l'enfant fatigue; il n'écoute plus et éprouve le besoin de bouger ou de laisser vagabonder son esprit. Mais nous avons aussi remarqué que l'enfant que l'on dit rêveur est un enfant attentionné par les contenus qui l'intéressent. Ce n'est donc pas seulement une question de capacités attentionnelles, c'est aussi une question d'attrait.

65. Professeur Hubert Montagner, *L'Enfant, la vraie question de l'école*, éditions Odile Jacob, 2006.

Le cartable, ce bagage pas toujours accompagné

Cet objet qui transite entre chez vous et l'école, c'est un vrai sujet. Parce qu'il peut être resté en classe, ou revenir sans les bons cahiers, ou encore avec un cahier de texte bien maigrichon en matière de consignes. Il faut donc investir beaucoup de patience sur ce sujet. Et accessoirement acheter en douce les livres scolaires principaux, d'occasion.

Revenons au cartable. Votre héros scolaire le prépare le soir, pas trop tard, après les devoirs. Le mieux serait d'afficher dans la chambre l'emploi du temps de la semaine pour qu'un repérage se mette en place. *« Ceci n'est pas un décor : c'est juste ton guide de la semaine ! »* Plus l'enfant grandit, plus la masse de choses qu'il doit transporter est multiple et complexe. Il sera donc utile de décomposer la semaine avec l'intéressé. Pas la veille pour le lendemain, mais posément le week-end. Cela offre une vision globale, distanciée, du temps qui sera ainsi mieux maîtrisé.

Pour la partie opérationnelle, ne faites pas à sa place. Guidez, donnez des indices, mais laissez-le agir pour qu'il mémorise (et automatise) les étapes. Posez des questions pour qu'il investisse la situation : comment fais-tu ? Où ranges-tu ta trousse et que doit-elle contenir ? On peut aussi dessiner le contenu de la trousse. C'est amusant et très mémorisable. Exigez qu'il formule comment il pense sa semaine et qu'il associe le geste à la parole.

Au fil des semaines, complimentez-le de son respect de la consigne. Faites-lui remarquer que bien faire son cartable est source de calme et générateur de plein de temps pour s'amuser. Soulignez toujours le bénéfice qu'engrange l'enfant. Il en tirera la conclusion que c'est bien pour lui et commencera à avoir une certaine fierté de son organisation. Il est à parier qu'il vous dise un jour : « T'inquiète pas, je vais le faire tout seul, mon cartable ! »

Les devoirs : un mot plombé, et en plus au pluriel !

Après une journée d'école, les enfants sont fatigués et perçoivent les devoirs comme une épreuve supplémentaire de leur marathon. Ils ne comprennent pas à quoi ça sert. L'enfant rêveur, qui a « subi » toutes ces heures en classe, prendrait volontiers la tangente.

L'une des clefs, c'est de ritualiser les devoirs. Comme, vraisemblablement, vous n'êtes pas encore à la maison quand la séance des cahiers débute, il est important que la personne qui prend en charge l'enfant soit investie de ce rôle. Pas question de se carapater. Ensuite, il est bon de créer un cadre lisible pour l'enfant. C'est-à-dire de l'assurer d'un début et d'une fin. Donc, combien de devoirs ? Combien de matières ? Si, dans les petites classes, vous instituez un quart d'heure par matière tous les soirs, il y aura pas mal de travail d'accompli. En grandissant, on augmentera le temps : trois fois vingt minutes, cela paraît moins qu'une heure et l'enfant peut s'organiser en sachant qu'il va changer de sujet, donc détendre puis remobiliser son attention. Il faut, bien sûr, veiller à travailler dans le calme sans un goûter qui traîne et sans téléphone tentateur ! Un temps bien lisible, du calme, du silence. Peu à peu, l'exercice sera compris comme nécessaire, mais piloté par l'enfant lui-même.

Sa lenteur : pas facile la dictée rapide, pour un… calligraphe !

Beaucoup d'enseignants pointent la lenteur d'écriture des enfants dans la lune. Une petite difficulté qu'ils partagent avec un certain nombre d'enfants « haut potentiel ». Chez eux, deux écueils sont souvent cités :

– d'une part, ils écrivent grand, en mode « bébé », parce qu'ils continuent de prendre leur temps sans évaluer la consigne de rapidité et aussi parce qu'ils ont peur de se tromper. Il faut donc imager votre propos : « Imagine que, sous ta plume, c'est une voiture qui fait le chemin des lettres. À écrire grand comme ça, elle en fait des kilomètres en plus, ta voiture ! Alors que si tu écris bien plus petit, tu fais beaucoup moins de chemin, et tu arrives au bout de la dictée bien plus vite ! »

– D'autre part, il peut être absorbé par sa calligraphie, ou même se mettre à observer le jeu de ses doigts tenant le stylo et ne plus écouter la voix de l'enseignant. Est-il vraiment lent d'ailleurs ? N'est-ce pas plutôt qu'étant « aux abonnés absents » pendant quelques minutes, il n'a pas noté ce qu'il fallait et prend le train des exercices en retard ? Ne pourrait-on pas plutôt remarquer qu'il est dans la lune et pas assez rapide pour le compenser à l'écrit ?

QUELQUES ASTUCES BIEN PRATIQUES

Attention et mémoire sont des piliers de l'apprentissage

L'attention et la mémoire sont entrelacées et forment des piliers indispensables à tout apprentissage. L'écolier rêveur a besoin que vous le lui fassiez remarquer. Non pas qu'il ne le sache pas. Mais pour que ces compétences qu'il met en action avec tant d'aisance - quand il élabore dans sa chambre ou bouquine dans son lit - soient également convoquées en classe. Dans ces deux mondes de son quotidien, il ne convoque pas du tout les mêmes énergies ni les mêmes motivations. À vous de faire le lien, même si, de prime abord, c'est pour vous une évidence.

Apprendre à être vraiment en classe

Faites-lui ce genre de proposition :

« Tu as une capacité de concentration exceptionnelle (si, si !). Et si on faisait l'expérience, juste pour voir ? Tu fermes les écoutilles à tout, sauf à ce que dit la maîtresse. Disons que tu vas “boire ses paroles” (là, un peu de théâtre, vous mimez un glouglou qui va le faire rire). À ton avis, quel bénéfice vas-tu en tirer ?

— Je ne sais pas. Je vais retenir la leçon ?

— Eh bien, oui ! Comme - en plus - tu as une mémoire formidable, tu sauras ta leçon par cœur... pfuitt... moins de devoirs. Et si tu as si bien écouté, je suis persuadé(e) que tu vas trouver sur Internet ou dans tes livres des infos complémentaires, ou raccrocher des trucs que tu sais déjà. Tu vas voir : tout d'un coup, ce que dit la maîtresse/l'enseignant va devenir passionnant! Tu essaies demain?

— Mais je fais comment?

— Tu t'installes bien sur ta chaise, tu regardes tout autour de toi, comme si tu allais quitter les lieux et, là, tu ne regardes plus que la maîtresse (l'enseignant). Tu perçois bien le timbre de sa voix, comment elle est habillée. Ensuite, tu te concentres uniquement sur ce qu'elle dit. Le vrai contenu de ce qu'elle dit. Tu oublies le reste. C'est quand même quelque chose que tu sais faire, de rester collé à un seul truc! Eh bien, au lieu que ce soit dans la lune, c'est là, maintenant, dans la leçon de la maîtresse/de ton enseignant. Trouve de l'intérêt à ce qu'elle dit. Dis-toi que cette grande personne est en train de te donner des clefs pour comprendre plein de choses. Tu ne peux pas rater ça! Et ne laisse pas ta petite voix prendre le dessus... »

C'est une astuce qui, une fois bien enclenchée, peut être très puissante pour toute sa scolarité, car il va découvrir le bénéfice de cette autonomie de son écoute et le bénéfice d'avoir des devoirs à la maison très facilités. Ce n'est pas un tour de magie : pour l'avoir suggéré à des parents, cela fonctionne bien souvent. D'une difficulté, vous faites un atout!

Deux bons ancrages : la reformulation et la lecture à haute voix

- **La reformulation** est un moyen pédagogique très précieux et qui apporte beaucoup à l'enfant rêveur. Il s'agit, lorsqu'il a appris des nouveaux concepts, de lui demander de les reformuler : à ses copains de classe, à vous, à ses grands-parents. Il y a un ancrage mental très fort qui associe l'attention, la mémoire, une valorisation personnelle d'expression, par l'échange, l'appropriation du sujet expliqué.

- **La lecture à voix haute** est tout aussi intéressante, car - nous avons vu que nous ne pouvions pas faire deux choses à la fois - l'exercice éteint la voix intérieure. Celle-ci est particulièrement entraînée chez les lecteurs que sont les enfants lunaires. La lecture à voix haute, partagée avec autrui est un moment où il faut faire face à son auditoire, prendre la parole, lire convenablement. C'est un flux, un partage. La lecture à voix haute est donc une vraie ressource, à pratiquer en famille comme à l'école.

Partager ses connaissances

Ce n'est pas qu'ils soient d'une modestie hors normes, mais les enfants rêveurs et solitaires, qui emmagasinent beaucoup d'informations, ne voient pas du tout pourquoi ils devraient médiatiser leurs connaissances. C'est leur affaire, après tout! C'est un paradoxe : vous lui faites remarquer qu'à la maison, il explique plein de choses sur la nature, les animaux, l'évolution du têtard en grenouille, mais qu'à l'école, en SVT, ses notes sont désastreuses. «Et pourquoi ne dis-tu rien en classe? – Parce que la maîtresse n'a pas à savoir ce que je sais», répond l'intéressé!

Il sera judicieux de détendre cette posture. Lui faire comprendre que partager ce que l'on sait, ce qu'on sait faire ce n'est pas se perdre dans le réel des autres. C'est un échange, car ils ont sans doute des informations complémentaires à apporter. C'est du partage, et cela peut être agréable et gratifiant.

Les «règles d'or»

Ces mots font rêver! Et cela rime avec trésor! Votre enfant a grandement besoin de routines et de règles d'or pour pouvoir se camper dans la réalité, mais surtout pour gagner en autonomie et en organisation. C'est pour lui un vrai chemin d'efforts, là où c'est facilement assimilé par ses contemporains. Prenons un exemple. Imaginons que votre enfant ne sache vraiment pas écrire les consignes de devoirs. Il est certain que vous avez déjà pas mal râlé! Créer des «règles d'or» permet à l'enfant de formuler lui-même son processus de réalisation. Vous prenez le rôle du candide et l'enfant écrit sur un papier les règles qu'il identifie :

«Si la maîtresse dit : prenez vos cahiers de notes, que fais-tu?

— Je le prends.

— OK, c'est notre règle n° 1... Et après ?

— Ben je l'ouvre...

— Continue !

— Je cherche un crayon... » (Certains détailleront la moindre action, d'autres brûleront les étapes, le cheminement est essentiel à écouter.)

La liste établie ensemble, on l'affiche sur le mur... Voilà, peu à peu, cela va devenir une routine, un processus quasi automatique. Ouf !

L'exercice peut se pratiquer pour tous les domaines qui requièrent de s'organiser, d'être attentionné à un ensemble de tâches enchevêtrées. Le formuler, le reformuler et l'écrire va permettre à l'enfant de s'approprier le déroulement de ces actions.

Pas de perturbateurs !

C'est un comble ! Lui qui s'échappe si facilement dans ses pensées, vous allez lui demander d'écarter tout perturbateur pour... rester dans sa bulle et se concentrer sur son travail scolaire. *A priori*, il le fera avec aisance (il a de l'entraînement). Mais comme tous les enfants d'aujourd'hui, le portable allumé, un peu de musique... Certains enfants (rares) parviennent à cogérer ces flux multiples d'informations, alors que l'enfant lunaire, doté de ce peu de flexibilité attentionnelle, aura plus de difficulté que d'autres à gérer ce contexte. Investissez alors dans ce qu'il sait le mieux faire : l'hyperfocalisation. Retirez toutes ces distractions. Travaillons. Ensuite, il sera temps de s'amuser.

Trouvez cette « bonne matière » qui contentera son hyperfocalisation

Puisque l'enfant dans la lune a paradoxalement une belle qualité d'attention pour ce qui l'intéresse, le mieux serait que dans toutes les matières que dispense l'école, il trouve un domaine « préféré ». Avoir une matière de prédilection est une assurance de capter son attention.

C'est un support excellent pour maintenir sa concentration sur le sujet, extrapoler en allant visiter une expo, en regardant un documentaire à la télé, en devenant parfois expert de la question. Écouter l'enseignant expliquer ce domaine-là comporte peu de risque de décollage sur la lune. Ce repérage d'une « matière préférée » est une ressource d'apaisement de la relation à l'école, de motivation, d'implication. À se demander si votre enfant est si rêveur que ça !

PEU À PEU, FAIRE ÉMERGER SON PROJET SINGULIER

Situer l'école dans sa dimension nécessaire

Comme vous l'avez fait pour la maîtresse, il est utile de bien situer la place de l'école dans sa vie quotidienne. L'école, ce n'est pas négociable, mais ce n'est pas non plus un univers seulement fait de contraintes.

Puisqu'il est un esprit curieux, vous aurez à valoriser les contenus : toutes ces informations, toutes ces pratiques, ces découvertes et ces savoir-faire qu'il acquiert en avançant dans son cursus. Donnez un signal : soyez moins braqué sur les notes et interviewez-le beaucoup plus sur ce qu'il apprend. Le pont entre ses activités extrascolaires et ses matières aimées dessineront aussi une histoire, un projet personnel.

Et au-delà de l'école, s'engager pleinement dans la vie

En grandissant, votre accompagnement favorisera la qualité de sa présence - à soi, aux autres, aux contextes qu'il traversera. Cela lui donnera des clefs pour mieux se connaître, mieux se situer, mieux définir ses objectifs. Nous savons que, lorsqu'il s'intéresse à un domaine, sa persévérance est profonde. Ainsi, vous aurez réuni bien des atouts pour qu'il puisse faire émerger le projet personnel de son existence, riche de sa capacité à naviguer, seul et avec les autres, dans ce monde perturbé et instable. Bonne route !

Antoine de La Garanderie, pédagogue
« La pédagogie consiste à sauver l'originalité de chacun[66]. »

ILS PARLENT LUNAIRES !

À RETENIR

- Quand votre enfant va à l'école, vous êtes son premier ambassadeur.
- Vous devez nouer un partenariat avec l'enseignant, qui saura l'apprécier.
- La gestion des autres enfants mérite une veille importante pour accompagner la scolarité de votre enfant.
- Prendre conscience que la journée d'école et le cadre scolaire sont des défis pour la manière de penser de votre enfant lunaire.
- Situez-vous en partenaire plus qu'en parent donneur de consignes.
- Amenez-le à faire par lui-même (sans faire à sa place) pour qu'il se responsabilise et devienne autonome.
- Ainsi, favorisez sa capacité à faire émerger son/ses projets à partir de sa riche imagination et de sa meilleure assurance dans le monde.

66. Antoine de La Garanderie, *Pédagogie des moyens d'apprendre*, Bayard éducation, 1996.

« Être dans la lune »

en italien

Avere la testa fra le nuvole

Conclusion ouverte

«Le futur appartient à ceux qui croient
à la beauté de leurs rêves.»

Eleanor Roosevelt

Vous l'aurez compris tout au long de ce livre : les enfants dans la lune, les rêveurs, les perchés, les petits planeurs vont plutôt bien. J'espère avoir éclairé un peu votre chemin de parent, d'enseignant aussi, sur cette manière bien particulière que ces enfants inventifs ont de concevoir leur place dans le monde et d'interagir avec leur environnement.

Les pistes que nous avons ouvertes ensemble sont bien sûr très amples et ne forment pas une nomenclature fermée et stricte. Il n'y a pas de recettes toutes faites. Chaque enfant est différent. Simplement, à recueillir de nombreux témoignages de parents, j'ai eu le souhait de vous transmettre la continuité des réflexions de mamans et de papas, leur vécu en partage, quelques portraits de jeunes lunaires en filigrane.

Comme le souligne très finement Jean-Claude Ameisen, «quelles que soient les grilles de lecture qu'on utilise, il y a nécessité de garder à l'esprit ce qui échappera, ce qui manquera toujours à la description, à la mesure, à l'analyse, et qui fonde la notion de dignité humaine et le respect de la personne. Elle est toujours plus que ce qu'on peut en décrire et en dire[67] ».

67. Jean-Claude Ameisen. Médecin, immunologiste et chercheur français en biologie, il est aussi l'animateur de l'émission *Sur les épaules de Darwin*, sur France Culture. Il a signé la conclusion de l'ouvrage du collectif «Pas de 0 de conduite», *Enfants turbulents : l'enfer est-il pavé de bonnes préventions*? éditions Erès, 2008.

Car la tentation est grande de faire des enfants dans la lune, ces petits créateurs, une énième catégorie de pathologie infantile. C'est un risque non négligeable : deux chercheurs des universités de Lausanne (Suisse) ont mené une enquête (sur 447 personnes via Internet, insignifiant panel qui trouble la pertinence) pour plaider la reconnaissance de la rêverie compulsive comme un trouble psychopathologique. Accompagnons les enfants dans la lune et… restons vigilants !

EPILOGUE

Rose à la plage

Suite... et fin

C'était un temps de Pâques. Le ciel était très bleu sur cette plage de Bretagne sud, mais le vent était frais, rappelant qu'une veste en toile était une bonne idée.

Au club de plage, les enfants en simple tee-shirt s'agitaient, jouant au trampoline, en attendant l'animatrice. Quel ne fut pas mon étonnement de voir surgir du cabanon des chaussures, Rose, cette petite fille croisée l'été précédent! Elle se dirigea vers la buvette pour rejoindre son papa. Négociation : grenadine ou menthe à l'eau?

« Je vais prendre une grenadine, papa. » Une fois installés, leur conversation fut animée. Rose racontait une histoire en remuant les bras comme un moulin, prenait ses cheveux frisés à pleines mains. Bref, elle racontait une histoire, du genre fantastique. Son père avait l'air très absorbé à l'écouter et lâchait des « Oh! » et des « Ah! » un peu théâtraux.

Soudain, on entendit un petit garçon :

Rose, viens, on va commencer!

Rose : Merci, mais j'ai pas fini mon histoire! Mais j'arrive.

Son papa : C'est sympa de lui donner ta réponse. Allez, tu finis ton histoire. Tu dis « Point à la ligne! » et tu vas les rejoindre?

Rose : Je sais pas trop, papa. Tu sais, j'aime pas vraiment chercher les coquillages, les mettre dans un sceau et les regarder, tous là, collés les uns aux autres.

Son papa : Collés... Tu veux dire les coquillages?

Rose : Ben non, les enfants!

Son papa : Alors, moi, je voudrais bien connaître la fin de ton histoire. Ensuite, nous irons voir l'animatrice : c'est quoi son nom?

Rose, sûre d'elle : C'est Marie.

Son papa : Bravo, je te sens attentive à Marie. C'est bien. Donc, nous irons voir Marie pour que tu sois plutôt avec les enfants qui font du trampoline... Ce que j'aimerais bien, c'est que ce soit toi qui le demandes.

Rose : Même pas peur ! J'adore le trampoline et j'ai déjà parlé avec Marie, tu sais ! En plus, je sais même faire l'étoile bondissante ! Tu mets les bras et les jambes écartés, et tu rebondis sur le dos. C'est Manon qui me l'a montré.

Son papa : Et qui est-ce, Manon ?

Rose : Oh ! Une petite fille du club. Je l'aime bien parce qu'elle est gentille avec moi. Et quand elle voit que j'ai besoin d'être seule et de partir sur mon nuage... elle sait que c'est pas parce que je boude. C'est que je pense à d'autres trucs. Tu vois ce que je veux dire ?

Son papa : Oui, je vois très bien ! Quand tu pars dans la lune, c'est ça ?

Rose : Oh ! Oui ! J'adore !

Ils ont fait ce qu'ils s'étaient dit. Rose sur son trampoline, et son papa, parti faire le marché. J'ai trouvé Rose franchement plus présente que l'été d'avant. Mais de manière équilibrée, bien là et en même temps très motivée à préserver son bonheur de rêver, de planer, d'extrapoler, d'imaginer !

Je me suis demandé si son papa n'aurait pas, par hasard, lu un livre sur les enfants dans la lune et puisé quelques idées... pour ancrer gentiment son... étoile bondissante !

Bibliographie

Partie 1

Colette, *La Maison de Claudine,* 1922.

Paul Valéry, *Variété III, IV et V*, Gallimard, 1936 - Folio Gallimard 2002.

Edgar Allan Poe, *Eleonora,* 1894.

Michaël Corballis, *The Wandering Mind - What the Brain Does When You're Not Looking,* University of Chicago Press, 2015 ***(en anglais).***

Joan Miro, *Ceci est la couleur de mes rêves,* Le Seuil, 1977.

Donald W. Winnicott, *La Capacité d'être seul,* Payot, 2015.

Gérard Garouste, avec Judith Perrignon, *L'Intranquille,* éditions L'Iconoclaste, 2009.

Boris Cyrulnik, *Attachement, cognition, éducation.* Présentation de l'Institut Petite Enfance (IPE) - Boris Cyrulnik, https://bit.ly/30vlWqn

www.tdah-france.fr

HAS, www.has-sante.fr ; Commission de la Transparence - Avis du 3 juin 2015.

Howard Gardner, *Les Intelligences multiples,* éditions Retz, 2008.

Colette Ouzilou, *Dyslexique... vraiment ? Et si l'on soignait l'école ?,* Albin Michel 2014.

Sophie Marianopoulos, *Rapport sur l'éveil culturel et artistique du petit enfant,* remis le 4 juin 2019 à Franck Riester, ministre de la Culture.

Dr Jean-Philippe Raynaud, [al] *Psychopathologie et handicap de l'enfant et de l'adolescent.* Approches cliniques. ERES, 2013.

Enquête Talis, 2018 ; Une enquête inédite du métier de professeur des écoles - https://bit.ly/31Ma30Q

Yves Citton, *Pour une écologie de l'attention,* Seuil, 2014.

Johnathan Crary, *24/7, Le capitalisme à l'assaut du sommeil,* éditions La Découverte, 2016.

Partie 2

James J. Gibson, *Perceiving, acting, and knowing*, Shaw & Bransford editions, 1977.

Béatrice Kammerer, *Méfiez-vous des neurosciences*, Slate, 2015 : https://bit.ly/1OOF34N

Dr Catherine Vidal, *Ordre moral, ordre cérébral ?*, dans l'ouvrage du collectif « Pas de 0 de conduite », *Enfants turbulents, l'enfer est-il pavé de bonnes préventions ?,* éditions Erès, 2008.

Francisco J.Varela, *Invitation aux sciences cognitives*, Point Seuil sciences, 1996.

Francisco Varela, Thompson, Rosch ; *L'Inscription corporelle de l'esprit*, Le Seuil, 1993.

Michèle Duzert ; *Vivre ensemble son autonomie*, L'Harmattan, 2016.

Jonathan Crary, *24/7, le capitalisme à l'assaut du sommeil*, éditions La Découverte, 2016.

Madame de Staël : *De l'Allemagne* in *De la philosophie française*, 1810.

Jean-Philippe Lachaux, *Le Cerveau funambule*, éditions Odile Jacob, 2015.

Interview des professeurs Gilles Renard, directeur scientifique de la Société française d'ophtalmologie & Nicolas Elzeviel, chef de service d'ophtalmologie du CHU de Poitiers ; https://bit.ly/2YOwZKM - 2016.

William James, *Principes de psychologie*, Vol. 1, Chap. 11. 1890.

Jean Piaget, *Le Langage et la Pensée chez l'enfant*, Delachaux & Niestlé, 1997.

Partie 3

Henri Laborit, *Conscience - Connaissance - Imagination*, Entretiens avec Michèle Duzert, CNED, 1989. https://bit.ly/2RpypZz

Marguerite Yourcenar, *Entretiens*, Radio Canada. 1983.

Antoine de Saint-Exupéry, *Le Petit Prince*, 1943.

Robert Neuburger, *Les Territoires de l'intime*, éditions Odile Jacob, 2000.

BIBLIOGRAPHIE

Jacques Attali, *Devenir soi*, Librairie Arthème-Fayard, 2015.

Emmanuelle Volle, neurologue et chercheuse à l'Institut du cerveau et de la moelle épinière (ICM) - Salpêtrière Paris : https://bit.ly/2XMjkme

Howard Gardner, *Les Formes de la créativité*, éditions Odile Jacob, 2001.

Henri Bergson, *La Pensée et le Mouvant*, PUF, collection Quadrige n° 78, 2013.

Pierre Larousse, *GDU (Grand dictionnaire universel du* XIX*e siècle), article Ampère,* 1866-76.

Maria Montessori, *L'Enfant*, 1935, réédition éditions Desclée de Brower, 2018.

Martin Handford, *Où est Charlie ?*, éditions Grund, 1998.

Le Monde, « Les jeunes savent-ils encore s'orienter sans GPS ? » (article de Gabrielle Ramai) - 25/07/2017 ; https://bit.ly/2JAecN2

Marie-Claude Burel, *Un monde fou en perles de rocaille*, éditions Fleurus, 2015.

Eline Snel, *Calme et attentif comme une grenouille*. Méthode de méditation pour les enfants... et leurs parents, + CD audio de séances pratiques, Les Arènes, 2012.

Lao Tseu, extrait de *Le Vrai Traité du vide parfait*, Folio Sagesses, 2015.

René Char, *Les Matinaux*, éditions Gallimard, 1950.

Pr Hubert Montagner, *L'Enfant, la vraie question de l'école*, éditions Odile Jacob, 2006.

Antoine de La Garanderie, *Pédagogie des moyens d'apprendre*, Bayard éducation, 1996.

Jean-Claude Ameisen, conclusion de *Enfants turbulents : l'enfer est-il pavé de bonnes préventions ?* éditions Erès, 2008.

Pour aller plus loin…

Pour prolonger votre lecture, rendez-vous sur ce site web où vous pourrez suivre l'actualité de ce livre, découvrir d'autres témoignages de parents et, si vous le souhaitez, apporter votre expérience :

www.enfantdanslalune.com

Achevé d'imprimer en septembre 2019
par Normandie Roto Impression s.a.s.
61250 Lonrai
N° d'impression : 1903662
Dépôt légal : Septembre 2019
ISBN : 978-2-36075-768-8

Imprimé en France